AF502150

DERNIÈRE DÉFAITE

DU MÊME AUTEUR

Le commandant Marty, brochure (épuisé).

Le sergent Villajoux, 1 vol. grand in-18, 2e édition (épuisé).

Baronnette, 1 vol. grand in-18. 5e édition (épuisé).

Le sergent Villajoux, 1 vol. in-8° illustré.

Six mois à l'ennemi, 1 vol.

La fille des deux comtesses, 1 vol.

ÉVREUX, IMPRIMERIE DE CHARLES HÉRISSEY

ERNEST GAY

(ERNEST GARENNES)

DERNIÈRE DÉFAITE

L'orléanisme, c'est l'usurpation, jamais le salut.

GÉNÉRAL DE CATHELINEAU.

PARIS

NOUVELLE LIBRAIRIE PARISIENNE

ALBERT SAVINE, ÉDITEUR

12, *rue des Pyramides*, 12

1891

A LA MÉMOIRE

DE

RAOUL DUVAL

DERNIÈRE DÉFAITE

CHAPITRE PREMIER

La Droite impuissante. — Les états-majors parlent de discipline pour empêcher d'agir et ne rien faire. — Mots du maréchal Pélissier et du maréchal Bugeaud — Raoul Duval. — Comment Amagat devint orateur financier et reparut à la tribune.

La Droite, qu'elle soit plus ou moins nombreuse, est, par son essence même, condamnée à l'impuissance et à la stérilité.

Elue avec un programme d'*Union Conservatrice* — la plus vaste piperie qui soit — elle a, avec une apparence d'origine commune, des principes opposés et des tendances hétérogènes, se servant d'un mot : *Droite*, pour couvrir une marchandise aux couleurs disparates et abriter des royalistes purs, des royalistes orléanistes matinés de blancs d'Espagne et de blancs d'Eu, des impérialistes cléricaux, bourgeois et solutionnistes, et des bonapartistes libéraux et démocrates.

Les uns n'ont rien appris, rien oublié et pensent, avec le comte de Chambord, qui ne fut qu'un prétendant héraldique, que la monarchie traditionnelle, celle d'avant 1789, s'impose et reviendra infailliblement de par le droit divin ; les autres, plus pratiques et moins honnêtes, mêlent tout, les idées modernes avec les idées anciennes, s'associant sans vergogne à toutes les compromissions, décidés à tromper leurs alliés comme ils ont trompé leurs parents de la branche aînée ; ceux-ci ont servi l'Empire comme ils auraient servi tout autre gouvernement, comme ils ont servi les de Broglie, les Buffet, les Pasquier, les pires ennemis de l'Empire qui les avait gavés et attendent la première solution qui leur mettra une clé dans le dos ; ceux-là, enfin, peu soucieux de l'étiquette, se proclament hautement les fils de la grande révolution et les serviteurs de la démocratie qui crée, donne et délègue le pouvoir, pourvu que ce pouvoir gouverne, ait de l'autorité et se fasse respecter.

L'action de la Droite a été nulle et sera plus nulle encore. Avec ses éléments multicolores, elle se discrédite chaque jour davantage, ne contentant personne : elle perd les intérêts que les électeurs lui ont confié.

La masse électorale, en effet, qui s'est rangée derrière l'opposition, ne comprend pas l'attitude des conservateurs au Palais Bourbon.

Les uns n'admettent qu'une opposition irréconciliable précipitant les crises ministérielles et les incidents qui tendent à prouver que la République n'est pas un gouvernement stable, un gouvernement d'ordre et de tranquillité sous lequel on puisse travailler à l'aise avec la sécurité du lendemain ; les autres pensent qu'après la bataille, il faut travailler en paix, et comme ils ont nommé des opposants, ils souhaiteraient les voir se mettre résolument à l'œuvre, proposer des réformes utiles, défendre énergiquement les droits et les intérêts des petits, de ceux qui souffrent et peinent, de ceux qui se sont compromis pour eux et montrer, qu'arrivés au pouvoir, ils feraient mieux que ceux qui le détiennent.

La Droite n'a su choisir ni l'un ni l'autre de ces deux systèmes, mécontentant ses mandants sans profit pour personne, et le peuple se détache d'hommes qui ne font rien pour lui. Le moment est proche où ces états-majors fainéants ne trouveront plus la clientèle qu'ils ont trop longtemps trompée.

Est-ce à dire que, dans la Droite, il n'y ait pas des hommes de valeur, des énergies capables de se montrer et de prendre en main la défense des intérêts qui leur ont été confiés ? Non. Mais, de même que le mot *Droite* englobe tous les députés d'opposition, de même le mot *Discipline* annihile toutes les bonnes volontés, tous les jeunes prêts à percer et à grandir en toute indépendance.

Ah ! la *Discipline*, quelle jolie guitare dont abusent les mentors trop vieux pour faire quoi que ce soit et trop jaloux pour laisser venir au jour des talents qui seraient d'autant plus populaires qu'ils seraient plus convaincus, plus modernes, plus démocrates.

Mais chut, la *Discipline* est là qui veille et on ne passe pas !

Cela nous remet en mémoire une boutade du maréchal Pelissier qui ne mâchait pas les mots. Il demandait à un jeune homme noble ce qu'il faisait et à quelle carrière il se destinait. Ce jeune homme vieux siècle répondit pompeusement :

— Les traditions de ma famille, monsieur le maréchal, m'empêchent de faire quoi que ce soit.

Le maréchal riposta :

— Vos traditions ! Un prétexte pour ne rien f...tre.

La *Discipline*, pour la Droite, est aussi une tradition.

Et il faut voir avec quel air hautain les pontifes répondent à ceux qui se sentent mal à l'aise dans les vieux moules, et les veulent briser.

Un jour, dans les couloirs du Palais-Bourbon, je disais nettement ma façon de penser à un

Discipliné, à un ancien préfet gonflé d'orgueil beaucoup plus que d'idées. Ma franchise lui déplaisait. Quoi! Je discutais! C'était l'abomination de la désolation. Alors, solennel, il gonfla sa panse et s'écria, me prenant la barbe :

— Jeune homme, vous n'avez pas comme moi la barbe blanche. Croyez-en ma vieille expérience. Voilà quarante ans que je fais de la politique et je sais ce que je dis...

Comme j'ai juré de mourir dans l'indépendance finale, cette « vieille expérience » m'avait peu convaincu. Je répondis :

— Ma barbe n'est pas encore blanche, cela est vrai, et votre perspicacité n'est point en défaut, mais il n'est pas besoin d'avoir fait de la politique pendant quarante ans pour juger sainement une situation. Tel était l'avis de mon illustre compatriote le maréchal Bugeaud disant au général Changarnier qui, lui aussi, faisait parade de sa vieille expérience :

— Ecoutez, général, le maréchal de Saxe avait une mule qui avait fait toutes ses campagnes et elle n'en savait pas davantage pour cela !

Mon ancien préfet court encore.

Il était convaincu, ce brave homme, que sa grande valeur incomprise et son nom devaient suffire à passionner les masses trop heureuses de se prosterner à ses augustes pieds! Grande a dû être la déception ; car, à son titre d'ancien préfet, il en joint un autre, depuis le 22 septembre 1889, celui d'ancien député.

Plus et mieux éclairés sur les devoirs de leurs mandataires, les électeurs sont plus exigeants : ils veulent voir ceux qui les représentent, leur raconter leurs petites affaires. Ils ont parfaitement raison. Aussi ne saurait-on trop les féliciter d'avoir rendu à leurs chères études des personnages qui ont peur de se salir à leur contact. Le peuple aime qui l'aime et le fréquente et ses leçons sont, le plus souvent, méritées.

Avec la *Discipline*, il n'y a place dans l'aréopage de la Droite que pour quatre ou cinq personnalités et il ne faut pas être surpris des résultats négatifs obtenus par cette réunion d'hommes venus de tous les points de l'horizon politique.

A-t-on une idée et veut-on la faire prévaloir, la porter à la tribune, la défendre publiquement? Mais c'est la fin d'un monde auquel on n'a pas encore touché, car on va montrer que les sages de l'*Union conservatrice* n'ont jamais rien fait. Alors on se signe dans le camp, on se réunit, on délibère : l'ennemi est aux portes des Droites. Et on décide, solennellement, que l'imprudent néophyte qui voulait parler se tiendra coi. Et il demeure coi, ce néophyte qui a de la bonne volonté, mais commence à douter de ses forces et n'ose plus affronter la colère de ses amis et l'indifférence de ses adversaires.

Jolie chose, en vérité, que la discipline !

Puis, quelques jours après, le jeune député, peu rompu au métier et aux roueries parlementaires, s'étonne. Son idée a été reprise, portée à la tribune par un des pontifes patentés, par celui-là même qui le cathéchisait, le conspuait, l'anathématisait.

Elle n'était donc pas si mauvaise, son idée, puisqu'on la lui a soufflée ? Eh ! non, elle n'était pas mauvaise, elle était même excellente, seulement c'était lui, le nouveau, qui l'avait eue et il troublait, comme l'agneau de la fable, la douce quiétude des vieux droitiers enfermés, à double tour dans une châsse dite conservatrice !

Tout est là.

Il me souvient des belles fureurs de la Droite quand Raoul Duval agissait à sa guise, ne consultant personne s'il avait l'intention de prendre la parole. On lui envoyait des émissaires : parler était intempestif, c'était faire rater une de ces combinaisons mirifiques dont la Droite a le secret et gêner, par ses théories libérales, les directeurs des groupes et sous-groupes. Il riait, de ce bon rire franc et loyal qui attirait tout le monde, et venait nous raconter la chose :

— Toujours les mêmes, disait-il, ignorants, peureux et finassiers !

Il aurait pu ajouter : toujours jaloux !

Raoul Duval avait pour lui tout ce qu'un homme peut souhaiter.

Travailleur infatigable et doué d'une intelligence qui lui permettait d'aborder toutes les questions avec compétence, il s'était néanmoins cantonné dans les questions commerciales et de finances. Il avait vite « lu » un budget et trouvé le défaut de la cuirasse, et c'est avec sincérité qu'il apportait son opinion à la tribune, louant hautement, sans arrière-pensée, ce qui lui paraissait bon, critiquant ce qui lui paraissait mauvais, sans souci des intérêts particuliers et des intérêts électoraux.

C'était un indépendant dans la plus large acception du mot.

Représentant un arrondissement essentiellement protectionniste, il était et restait libre échangiste, saisissant toutes les occasions d'affirmer ses convictions, dût-il en perdre son mandat de député. Il croyait que là était la vérité économique et commerciale, l'intérêt des classes laborieuses et du plus grand nombre.

Son indépendance, son immense talent oratoire servi par une instruction presque universelle, avaient suscité des haines et des jalousies parmi les médiocrités qui pontifiaient et parmi ceux qui, sans intelligence, sans valeur et, de plus, fainéants, pensaient que leurs titres de noblesse et leurs titres en portefeuille suffisaient à tout. Aussi Raoul Duval qui n'avait jamais écouté la voix égoïste de ses intérêts particuliers ou électoraux, n'était-il pas disposé à subir la loi de ceux qui se retranchaient toujours derrière la *Discipline*. Et il allait, allait toujours de l'avant.

Il faut avoir fréquenté le Palais-Bourbon, avoir assisté aux séances de la Chambre pour juger cet ami des petits.

A la tribune, il était superbe.

D'une taille un peu au-dessus de la moyenne, bâti en véritable athlète, admirablement proportionné, il dominait tout de suite l'Assemblée. Blond avec toute la barbe coupée courte et des cheveux clairsemés taillés en brosse, il avait une figure véritablement léonine et une physionomie d'une extrême douceur : sa voix, ronde, sonore, bien timbrée, véritable voix d'or, captivait.

Ses succès oratoires ne se comptent pas. Toutefois, deux séances marquèrent sa dernière législature.

A propos du Tonkin, Raoul Duval prononça un grand discours. Pied à pied, il combattait les arguments de ceux qui reconnaissaient les fautes commises mais n'osaient enrayer. Il citait les raisonnements des ministres de l'Empire défendant l'expédition du Mexique, et sa logique était si serrée, son éloquence si communicative, ses angoisses patriotiques si émouvantes, que l'Assemblée presque tout entière lui prodiguait ses frénétiques applaudissements. Il avait entraîné tout le monde, les droites et les gauches, et, cependant, dans la Droite qui approuvait les critiques, les craintes du grand orateur, se trouvaient des hommes qui avaient approuvé les raisonnements des ministres de l'Empire !

Ce fut un des beaux jours de la tribune française. Les jalousies n'avaient pas résisté à l'éloquence. Un seul, à droite, insensible à tant d'indépendance, silencieux et immobile à son banc, la tête entre les mains, ne daigna pas applaudir : c'était M. Paul de Cassagnac qui n'a jamais apprecié le talent des autres.

Un autre beau jour pour la tribune française fut la séance au cours de laquelle Raoul Duval fit hautement adhésion à la République.

— La République, disait-il, n'est-elle pas à vous, à moi, à tout le monde !

Ce fut, parmi les gauches, un véritable enthousiasme, pendant qu'à droite on demeurait silencieux. Combien, pourtant, dans cette droite, pensaient que Raoul Duval avait raison? Il avait le courage de dire son opinion ; les autres ne l'avaient pas.

Du reste, Raoul Duval n'avait jamais bien

combattu la forme républicaine qui convenait mieux à son esprit libéral que les attaches monarchistes qu'on aurait voulu lui imposer. Il avait une trop grande valeur pour accepter sans contrôle et comme un dogme infaillible les idées des prétendants et de leur entourage. Déjà, en 1881, il avait écrit une lettre dans laquelle il déclarait que la République existait et qu'il fallait l'améliorer, non la détruire. Cette lettre l'avait rapproché de Gambetta qui aimait cette nature droite et loyale et appréciait un talent hors de pair.

Les monarchistes qui auraient voulu enregimenter Raoul Duval, disaient :

— Il ne sait pas ce qu'il veut.

Oh! si, il savait ce qu'il voulait, ce grand cœur.

Il voulait le triomphe de la démocratie, le bien-être de l'ouvrier de l'atelier et des champs;

Il voulait la liberté pour lui et pour les autres;

Il voulait que chacun eut sa place au soleil, car il méprisait les titres héréditaires uniquement appuyés sur l'argent;

Il voulait que les jeunes qui travaillaient et savaient, arrivassent de préférence à ceux qui n'avaient d'autre mérite que d'être nés privilégiés, que d'être des « fils à papa? »

Il était toujours disposé à aider et à pousser les jeunes.

— Ma génération descend la pente, disait-il, et nous devons aider à croître en valeur qui veut travailler.

C'était, selon l'expression de Frédéric Passy : un ouvreur d'intelligences.

Tout naturellement, il ne pouvait que mécontenter les réactionnaires qui voyaient un ennemi personnel en celui qui avait la prétention d'agir à sa guise.

Voici une anecdote qui nous dira combien Raoul Duval était une nature d'élite.

Arrivé au Palais Bourbon et convaincu de sa valeur réelle, M. Amagat n'avait pas eu la patience d'étudier la Chambre. Professeur, il avait apporté à la tribune des phrases bien construites, élégantes et bien pensées qui détonnaient dans ce milieu parlementaire où les élèves étaient des enfants terribles. Puis, il s'énonçait d'une façon un peu solennelle, pédante : ce fut un fiasco complet. On disait :

— C'est un homme de valeur, mais c'est un grotesque.

Raoul Duval avait apprécié son nouveau collègue et regrettait sincèrement l'échec d'un homme intelligent et d'un travailleur extraordinaire. Tout le monde conspuait Amagat ; il se rapprocha de lui et ils devinrent deux amis.

Amagat était tenace et n'abandonnait pas la

partie, aspirant à prendre une éclatante revanche. Quand il connut Raoul Duval, il lui dit :

— Vous qui parlez si bien et connaissez à fond le monde parlementaire, dites-moi pourquoi j'ai été si grotesque.

Cette question dénotait un tempérament.

— Eh! bien, mon cher ami, franchise pour franchise. Vous êtes venu au Palais Bourbon où vous ne connaissiez personne et vous avez pensé qu'avec votre valeur personnelle, vous vous imposeriez à des gens qui n'avaient pas votre talent. A la tribune, vous avez prononcé de belles phrases, mais sur un ton qui ne convenait pas à votre auditoire.

— Comment faire, alors, pour prendre ma revanche?

— Attendre et travailler.

Raoul Duval traça à Amagat son programme Les orateurs financiers sérieux étaient rares et la question financière primait tout. Il fallait donc piocher le budget.

— Mais je n'y comprends rien, absolument rien, s'écrie le député du Cantal.

— Je vous apprendrai à lire un budget.

Amagat apprit vite à « lire » le budget. Quelque temps après, il abordait Raoul Duval, l'air rayonnant :

— Je suis prêt, fit-il, à monter à la tribune.

— C'est un joli tour de force.

A quelques jours de là, je fus chez Raoul Duval, rue Lincoln. Encore dans l'antichambre, j'entendis un bruit de voix, mais un bruit régulier, puis des interruptions.

— Je ne veux pas entrer, dis-je au domestique, il y a du monde et cela dérangerait.

— Non, non, il n'y a personne et Monsieur ne serait pas content si je vous laissais partir.

J'entrai dans le salon attenant au cabinet de travail. Par la baie vitrée, j'aperçus Raoul Duval étendu dans un fauteuil. Souriant, il me fit amicalement signe de m'asseoir. La voix continuait toujours et aussi les interruptions.

— Très jolie, cette phrase, mais mal débitée. Maudite intonation professorale !

Et il reprenait l'orateur qui, debout devant une table, parlait comme s'il eut été à la tribune, en présence de la Chambre tout entière et répétait la phrase mal dite.

Le discours dura bien deux heures. Quand il fut terminé, Raoul Duval se leva, tout heureux, et serra la main d'Amagat :

— Vous tenez votre revanche, mon cher, et vous voilà orateur financier. Bravo ! Dès à présent votre place est marquée à la Chambre, mais attention : soyez député et plus professeur ! Maintenant allons déjeuner.

On nous présenta et nous déjeunâmes gaiement.

Trois jours après, deux heures durant, sans une seule note, devant une assemblée hostile qui se rappelait les débuts grotesques de celui qui tentait la suprême épreuve, Amagat s'imposa à l'attention de tous. Sa place était, en effet, marquée et bien marquée.

Ami dévoué de Raoul Duval, il disait à qui voulait l'entendre :

— Je suis son élève bien reconnaissant !

Amagat était un indépendant, ne cachant jamais son opinion. Il était férocement antiboulangiste.

Raoul Duval avait le cœur trop haut placé pour ne pas mépriser les mesquines jalousies suscitées par sa supériorité, et nul ne pratiqua mieux que lui l'oubli des injures.

Le Prince Napoléon et ses amis avaient fondé un journal politique quotidien, dans lequel Raoul Duval, alors directeur de *l'Ordre* et du *Peuple Français* avait été souvent pris à partie. Pourquoi ? Parce qu'il était toujours et quand même indépendant, et ne voulait pas subir la volonté et les caprices soit du Prince, soit de certains de ses amis. Ces attaques, il les regrettait et n'y répondait pas.

Un jour vint où le Prince Napoléon fit appel à lui. Incarcéré à la Conciergerie à la suite de son manifeste placardé sur les murs de Paris et publié dans le *Figaro*, le Prince lui demanda de l'assister dans son procès. On attendait de lui un service; Raoul Duval accepta. Le procès n'eut pas lieu et le grand orateur n'eut pas à prendre la parole dans une cause où ses théories libérales, égalitaires et antihéréditaires se seraient donné libre carrière, car, en acceptant la défense du prince Napoléon, il n'entendait pas enchaîner sa liberté de parole.

Le Prince fut remis en liberté.

Quelques jours après, j'étais chez Raoul Duval. En causant je lui demandai des nouvelles du Prince.

— Je pense qu'il se porte bien.

— Comment? Vous ne l'avez pas vu ces jours-ci?

— Mais non, aussitôt l'ordonnance de non-lieu rendue, je suis allé à Auteuil m'assurer de sa mise en liberté : c'était mon devoir d'avocat. Le Prince est libre, maintenant, et n'a plus besoin de moi : je n'ai donc pas à aller le voir. Je ne me suis pas souvenu des attaques qu'il avait fait ou laissé diriger contre moi; il était en prison, j'ai accepté de le défendre. Cette mission terminée, l'ami reste chez lui et ne se fait pas courtisan!

Cet homme qui avait une aussi belle intelligence, une éducation quasi universelle, qui était un orateur de premier ordre, était la modestie même. C'était presque un timide, mais un de ces timides qui, pendant l'année terrible, défendit Rouen contre les exigences prussiennes, avec une énergie et une tenacité qui faillirent plusieurs fois le faire coller au mur. Les menaces n'avaient pas prise sur une âme aussi bien trempée. Luttant pour tous, il ne songeait pas à lui. Se rappelant ses services, le département de la Seine-Inférieure l'envoya siéger à l'Assemblée nationale.

Raoul Duval fut un grand orateur : c'était aussi un fin lettré ami que Gustave Flaubert. Mais ce fut — n'est-ce pas là son plus grand éloge ? — un patriote.

Que restera-t-il de l'homme politique ? Le souvenir impérissable de sa loyauté et de son talent. Mais, — je le souhaite pour la France qui vaut mieux que tous les princes, que tous les prétendants et que tous les gouvernements qui se sont succédé et se succéderont — nous verrons continuer l'œuvre qu'il avait entreprise, la réconciliation de tous les Français, réconciliation souhaitée par tous, retardée seulement par les états-majors qui verraient tomber leur égoïste nullité dans ce grand acte national.

CHAPITRE II

Jérémiades des conservateurs. — Affiche de la dernière heure. — Le duc de Larochefoucauld déguisé en japonais. — Les défenseurs du trône et de l'autel. — Mot de M. Jolibois. — Dévouement inutile.

Les conservateurs — ceux qui ont plein la bouche de ce mot sans signification précise — sont les pires ennemis de la cause qu'ils ont la prétention de servir et le temps qu'ils pourraient et devraient consacrer à sa défense, s'écoule en jérémiades et en lamentations sans fin.

Le conservateur est pleurard par nature.

Riche, presque toujours, il aime ses aises et veut jouir d'une quiétude sans mélange. Il n'est point d'humeur batailleuse et c'est surtout le dos au feu, le ventre à table, qu'il est susceptible d'un grand élan et qu'il lance son cri de guerre contre le gouvernement et les gens au pouvoir. Les pieds bien chauds et le ventre satisfait, il s'écrie avec une énergie peu commune :

— Quel sale gouvernement ! Mon Dieu, qui nous en débarrassera ?

Et alors il songe mélancoliquement à faire

appel au stylet vengeur de l'homme sans position, tant souhaité et tant attendu par les orléanistes bien pensants pour assassiner Napoléon III.

Se servir des autres, c'est bien : agir par soi-même, c'est une toute autre affaire.

Pendant les périodes électorales, surtout, on juge bien les conservateurs dirigeants. Alors que les petits, les soldats, ceux qui ont le tort de croire à leur énergie et à leur dévouement à la chose publique, vont de l'avant, eux se souviennent de Louis XIV que sa grandeur attachait au rivage et, rivés sur leurs chaises plus ou moins curules, non point par leur grandeur mais par leur mollesse et par leur avachissement, ils demeurent héroïquement spectateurs. Ils crient comme des hiboux brusquement éveillés et, ayant fait beaucoup de bruit à huis clos, dans leur famille, ils se figurent avoir effrayé l'ennemi.

C'était la veille d'une élection. Au siège d'un comité conservateur on s'agitait fébrilement. Que se passait-il donc ? On entrait, on sortait.

— Vous ne savez pas ? Il va y avoir une affiche de la dernière heure.

— Vous plaisantez ?

— Pas du tout.

— Il faut aviser au plus vite et répondre par avance. La chose est grave.

— Parfaitement. Avisons.

Et chacun d'opiner du bonnet. Mais il fallait un secrétaire capable de rédiger cette réponse préventive. Un journaliste était là qui avait vainement tenté de rassurer tout le monde. Il s'installa devant une table.

— Eh! bien, vous n'écrivez pas?

— Je suis tout prêt à écrire ce que vous me dicterez.

Diable, on attendait mieux de lui et on pensait qu'il trouverait tout seul ce que les populations liraient avec une poignante anxiété. Mais ce journaliste, qui avait beaucoup d'esprit et prenait plaisir à l'embarras des autres, attendait toujours. Enfin on se décida :

— Écrivez, s'écria-t-on délibérément :

Mes chers concitoyens!

— Non, non, effacez, pas chers concitoyens:

Mes chers compatriotes!

— Non, effacez. Il me semble que : *Électeurs*, tout court, sonnerait mieux. Écrivez :

Électeurs!

Et le journaliste effaçait, écrivait, écrivait, effaçait ce commencement si pénible, pendant qu'on discutait le mérite de telle ou telle formule. Enfin, pendant une heure on se demanda si l'on mettrait : Mes chers concitoyens! Mes chers compatriotes! ou, seulement : Électeurs!

La Chambre n'existait plus et le Sénat étant en vacances, on ne pouvait songer à le réunir pour le consulter sur le grave conflit pendant. A quelle sauce serait donc arrangée l'affiche de la dernière heure ?

Tout est sauvé. Voici le candidat. De quoi s'agit-il ? Ce n'est que cela ? On va répondre et de la bonne encre. Ce sera soigné. Il opte tout de suite pour : Électeurs !

Voilà un grand pas de fait.

— Écrivez, fit-il.

Électeurs,

On vous dira...

C'était tapé comme début. Les vieux se regardent et murmurent :

— Quel candidat ! Il n'y avait que lui !

Le journaliste, qui avait la patience plus facile que la prose du candidat, attendait toujours la suite ; il l'attendrait encore s'il n'était parti d'un éclat de rire qui fit partir aussi le candidat, lequel prit son chapeau et sortit majestueusement en lançant cette apostrophe :

— Moi, d'abord, je n'aime pas qu'on se f... de moi !

La séance était finie.

Décidément « on ne dira » rien aux électeurs.

D'aucun côté, il n'y eut d'affiche de la dernière heure.

C'est égal, la peur avait bien agité les cervelles !

Quelle triste engeance que ces états-majors qui s'arrogent le droit de tout diriger et ne dirigent rien, si ce n'est leur barque personnelle. Cela durera autant qu'eux : après eux la tempête. Ils sont à l'abri !

A les entendre, leur existence même est indissolublement liée à la monarchie qu'ils souhaitent avec une évangélique philosophie. Est-ce que tout ne vient pas à point à qui sait attendre ? Et tous ces *cunctators* sont sous l'orme !

Cependant, ils ne restent pas inactifs.

Ils font la fête, donnent de brillantes réceptions — c'est le monde où l'on s'amuse — gaspillent des sommes folles et se figurent avoir sauvé la monarchie parce que leurs journaux ont parlé d'eux, cité leurs noms et versé des flots d'encre — à combien la goutte ? — sur les magnificences d'une soirée où M. le duc de Larochefoucauld, à ce moment Bisaccia, s'est déguisé en Japonais. Maintenant que M. Larochefoucauld est duc de Doudeauville, il ne se déguise plus.

Ce changement de nom me remet en mémoire un joli mot sur les Talleyrand :

— Les Talleyrand s'appelleront Talleyrand-Périgord à la saison des truffes et Montmorency à la saison des cerises !

Quelques journaux, ainsi qu'un acte d'huissier, indiquaient le coût de la réception du duc : 200.000 francs ! Une bagatelle, quoi !

Quel plaisir cela devait faire à ceux qui s'étaient compromis et avaient perdu le pain de leur famille en votant pour lui !

Quand on est monarchiste convaincu ;

Quand on est véritablement patriote et qu'on croit que la France s'achemine chaque jour vers sa perte tant qu'elle sera en République ;

Quand on aime sincèrement son prince et que ce prince souffre en exil, on ne fait pas la fête, on se recueille, on travaille à ramener la monarchie, on fait des économies pour le jour de la lutte, on n'a pas le cœur à s'amuser, on est en deuil du trône et de l'autel et on ne se déguise pas en Japonais.

Ce n'est pas en agissant de la sorte que les états-majors inspireront confiance. Un général ne remportera jamais une victoire en disant seulement à ses troupes :

— Combattez, je vous soutiens du geste et du regard !

Il faut que les chefs vivent de la vie du soldat ; il faut qu'ils le connaissent et sachent ses besoins. Le chef fait les soldats, de même que les soldats font les chefs. Il y a entraînement mutuel et, alors, tout va bien. Mais quand les chefs vivent à part, ne visitent même pas leurs troupes, tout va mal. Il ne suffit pas de passer la revue, il faut la préparer. Autrement, aller à la bataille, c'est aller à la défaite.

C'est que les progrès réalisés depuis un siècle — malheur à qui ne le voit pas — sont la loi de tous les Français dépouillés des préjugés d'un autre âge et décidés à être les fils de leurs œuvres.

La masse aime et respecte le bon riche, celui qui sait venir en aide aux déshérités de la fortune, celui qui ne craint pas de se mêler à elle. Alors, elle le met à sa tête, en fait son représentant. Mais elle n'aime pas ceux qui se croient pétris d'une autre pâte que la sienne et ne la viennent trouver que pour la tromper et l'exploiter.

Quoi qu'on en dise, la masse est honnête et il faut vraiment qu'elle le soit, pour croire encore à la vertu de certaines personnalités qui parlent sans cesse de la famille, de la religion, de la Patrie, de Dieu, et qui se soucient de la famille, de la religion, de la Patrie, de Dieu, comme un poisson d'une pomme.

On estime ceux qui croient et pratiquent, mais on doit avoir le plus souverain mépris pour ceux qui se couvrent du manteau de la religion pour cacher leurs hideuses plaies. Et ceux-là crient bien haut que leur vie est consacrée à la défense de la famille, du trône et de l'autel ! Ce sont de sinistres farceurs spéculant sur la naïveté humaine. Comme les bâtons flottants de Lafontaine, de loin ils sont quelque chose ; de près, ils sont moins que rien.

Toute leur honnêteté ne résiste pas à quelques secondes d'examen, et il est aisé de voir que les vertus, que les qualités dont ils font si tapageusement parade sont « en devanture » : ouvrez les volets, il n'y a plus rien. Leur conscience est une espèce de baraque de foire dont la toile peinte attire les badauds ; entrez, vous êtes volés.

Cependant, ce sont ceux-là qui se proclament les censeurs, les moralisateurs, les grands pontifes de la société.

Tel, par exemple, marié, père de famille, défenseur patenté du trône et de l'autel, écrit des articles enflammés pour la famille, la monarchie, la religion, et s'en va prodiguer des caresses adultères aux actrices qui lui constituent de faux ménages ;

Tel autre va à la messe, avec ostentation, vous blâme de n'y pas aller, et caresse ses servantes sous le toit conjugal ;

Celui-ci est un des piliers de l'Eglise et de la noblesse, et n'hésite pas à faire faire de faux testaments ;

Celui-là est un fieffé coquin, mais comme il pratique ses devoirs religieux, la bonne société l'accueille avec des sourires sur les lèvres et mange ses bons dîners.

Il est inutile de multiplier les exemples : ces gaillards-là sont légion.

Je connais un homme, jeune encore, appartenant à la meilleure noblesse et conservant dan sson cœur toutes les traditions de la monarchie chrétienne. Il n'admet pas la libre-pensée et ne comprend pas que si on ne veut pas détruire la religion, on n'en observe pas toutes les prescriptions. Avec un raisonnement aussi serré, aussi radical, vous supposez, n'est-ce pas, que ce rempart de la chrétienté ne fausse jamais compagnie aux lois de l'Eglise ?

— Eh bien ! lui dis-je, vous devez être un pratiquant modèle : vous communiez, vous vous confessez, vous ne manquez jamais la messe...

Il répondit :

— Je ne manque jamais la messe, en effet, mais je ne vais pas à confesse et par conséquent ne communie pas...

— Et pourquoi ?

— Parce que j'ai une maîtresse et qu'en sortant du confessionnal je retournerais la trouver !

Les états-majors sont des jouisseurs préoccupés uniquement de leur situation personnelle. Leur passé, sous la monarchie, les a mis en vedette et a assuré leur présent : ils sont députés ou sénateurs. Quant à leur avenir, ils ne s'en inquiètent pas. Ils n'ont qu'à se laisser vivre et, un monarque arrivant sur le trône, ils seront toujours quelque chose.

Aussi bien, avec des idées semblables, n'ont-ils pas besoin de faire quoi que ce soit, puisque les électeurs sont assez naïfs pour croire à eux et leur accorder leurs votes. Mais le suffrage universel commence à voir clair dans le jeu de ces vieux roublards qui se couchent en travers de la route pour barrer le passage aux curieux.

Il est vrai que si les états-majors jalousent les indépendants et les jeunes, ils ne se jalousent pas moins entre eux.

Dans un comité central soi disant directeur et s'occupant des candidatures aux élections générales de 1889, un des gros bonnet songeait à se présenter à la députation. Il avait été député officiel sous l'Empire, pourquoi ne tenterait-il pas de rentrer au Palais-Bourbon ? C'était un des conseils les plus riches et les plus autorisés du prince Victor. Il fallait trouver une circonscription où le succès parût certain, car un chambellan ne devait pas échouer. Dans l'arrondissement où il avait des propriétés, la défaite était certaine ; dans l'arrondissement qu'il avait représenté, la place n'était pas libre. Alors, il jette son dévolu sur une circonscription où, depuis une douzaine d'années, les conservateurs rassis, bien posés, riches, vieux, n'avaient pas lutté, tant le résultat apparaissait douteux. Cette fois, avec le mouvement boulangiste, on sortait de son apathie et on combattrait.

Mais un jeune, un démocrate, fils de ses œuvres, s'est déjà mis sur les rangs :

— Allez trouver M .X... et arrangez-vous avec lui, lui conseille-t-on.

Le chambellan va trouver M. X... N'y a-t-il pas moyen de s'entendre ? Il ne resterait pas longtemps député et lui laisserait sa succession. Le Prince tenait a ce qu'il *entrât à la Chambre* pour voter la Constitution. Ensuite il démissionnerait.

M. X... raconta la conversation à un autre conseil du Prince, alors et encore député, M. Jolibois :

— Oui, oui, dit-il, le Prince souhaite que Z... entre à la Chambre pourvu qu'il reste dans l'*antichambre !*

Ces gens-là ne peuvent supporter personne. Ce sont des grincheux, de égoïstes et, comme je le disais au début de ce chapitre : les pires ennemis de la démocratie. Ils ne tiennent qu'à leurs privilèges, n'ayant aucune bonne parole, aucune sympathie pour qui que ce soit en dehors d'eux.

Aussi est-il véritablement temps d'éclairer les

petits. Qu'ils cessent de les soutenir, et leur fin aura sonné. Là est le meilleur, le seul remède à apporter à une scandaleuse exploitation. Que les soldats rentrent sous leur tente ; qu'ils ne défendent plus avec leur énergie honnête, les chefs qu'ils ne voient qu'au jour de la parade, et ces chefs disparaîtront d'eux-mêmes, car ils n'existent que par le dévouement des autres. Ce dévouement ne doit plus être de la bêtise.

Vatel était l'honnêteté culinaire en personne et se donna la mort parce que la marée manquait. Ce fut un imbécile. Mme de Sévigné raconte qu'on regretta Vatel, mais qu'on mangea gaîment le déjeuner qu'il avait ordonné et préparé. Dévouez-vous donc pour de pareils personnages !

Les conservateurs dirigeants font comme les courtisans de Louis XIV : ils n'ont pas la reconnaissance longue ; ils ne l'ont pas plus facile. Ils oublient vite les services rendus et ne se dérangent même pas pour accompagner à sa dernière demeure un de ces sous-officiers, de ces officiers subalternes de la démocratie morts sur la brèche. J'en trouve un exemple topique dans les comités impérialistes de la Seine.

L'un de leurs vice-présidents généraux, Dunal Levesque, avait consacré tout son temps à défendre M. Paul de Cassagnac contre ceux qui accusaient le député du Gers de négliger les idées plébiscitaires pour se rapprocher des d'Orléans.

Les luttes avaient été vives, souvent violentes, entre les comités impérialistes solutionnistes et les comités démocratiques que cette divergence de vue avait profondément divisés. Dunal couvrait toujours M. Paul de Cassagnac dont il était le secrétaire. Il succomba à la peine et M. Paul de Cassagnac n'assista même pas aux obsèques de celui qui l'avait, dans la presse et dans plus de cinq cents réunions tenues dans tous les coins de Paris et de la banlieue, par tous les temps et à toute heure, toujours énergiquement défendu. Les petits, eux, firent leur devoir, perdant une journée de salaire pour suivre le convoi du rédacteur et du secrétaire de M. Paul de Cassagnac. Chacun avait oublié les luttes passées; le directeur de l'*Autorité* avait oublié Dunal Levesque!

Tous les grands chefs ne négligent pas les cérémonies funèbres. Pour eux, les anniversaires sont une occasion de se montrer. Aux messes annuelles de Saint-Augustin, c'est le rendez-vous des vieilles rosettes qui viennent là comme pour montrer qu'elles sont encores inscrites sur les registres de la Légion d'honneur et que, l'Empire revenant, elles consentiraient à occuper les places grassement rétribuées et bien dues à leur fidélité latente. Jugez donc! Ces messieurs ont avancé leur déjeuner d'une heure! Cela vaut bien une récompense, sans doute!

Un mot indiquera bien l'esprit qui règne parmi ces gros bonnets.

A la sortie de l'une des messes de Saint-Augustin, on se congratule dans un groupe fortement décoré.

— Il y avait du monde, cette année, n'est-ce pas?

Et on se sépare. N'a-t-on pas assez perdu de temps? Puis, l'autre s'écrie :

— Oui, oui, il y avait du monde. Allons, mon cher, à l'année prochaine!

Mais si, à ces messes, les petits décidaient de n'y pas assister, les états-majors se trouveraient ridicules d'être une poignée et demanderaient pourquoi les anniversaires deviennent si peu suivis. Alors, peut-être, ils se diraient que leur étoile pâlit, qu'ils n'ont plus de raison d'être si le peuple les abandonne, et qu'il est temps grand temps, de prévenir la débandade puisqu'ils sont impuissants à faire des recrues.

Le jour où les soldats resteront chez eux, ils verront venir les chefs jusque dans leurs ateliers et, ce jour-là, ils auront la satisfaction de pouvoir s'écrier :

— Vous repasserez, brave homme, on vous a déjà donné!

Restons les serviteurs fidèles, inébranlables, de la démocratie et du suffrage universel, mais cessons de servir de marchepied à qui nous dédaigne ensuite.

Une leçon du peuple est le commencement de la justice.

CHAPITRE III

La coalition — Radiation des princes d'Orléans des cadres de l'armée. — Histoire de la lettre du général Boulanger au duc d'Aumale. — Ce qu'aurait pu répondre le général Boulanger. — Triste rôle du duc d'Aumale dans le procès Bazaine. — Opinion du général de Cathelineau sur les d'Orléans. — Un gouvernement doit se défendre. — L'état de prétendant. — Le concierge du Comité central impérialiste. — Un singulier aveu.

Incapables de conserver le pouvoir — ils l'ont surabondamment prouvé au 24 et au 16 mai — les conservateurs, il est plus exact de dire : les orléanistes, sont tout aussi incapables de tenter par eux-mêmes quoi que ce soit pour le reconquérir. Il leur faut toujours un cheval de renfort. En 1871, en grande majorité à l'Assemblée nationale, ils attellent M. Thiers à leur char ; plus tard, ils se mettent à la remorque du maréchal de Mac-Mahon, et pour les élections générales de 1889, on les voit se ranger derrière le général Boulanger.

Cette association semblait d'autant plus étrange que les orléanistes avaient vigoureusement attaqué, dans leurs journaux et à la Chambre, l'ancien ministre de la guerre. Mais ils sont peu scrupuleux, veulent arriver quand même en se couvrant d'une livrée qui ne leur appartient pas. La publication des *Coulisses Boulangistes* a montré sous leur véritable jour ces eunuques politiques, qui ne comptent que sur leur argent pour se procurer les jouissances du pouvoir.

Ils ont vu que l'argent ne suffisait pas.

On se rappelle l'indignation des royalistes quand le général Boulanger, appliquant une loi de la Chambre et du Sénat, retira aux princes les grades qu'ils occupaient dans l'armée.

Mais, en vérité, on se demande si ces gens-là ont bien le droit de tant fulminer contre une mesure qui n'est point aussi inique qu'ils le prétendent. Quand on est entré dans l'armée par la porte de la politique et de l'exception, faut-il s'étonner si fort d'en sortir par la même porte ? Je ne le pense pas.

L'Assemblée nationale avait octroyé aux princes de la famille d'Orléans des grades qu'ils n'avaient pas régulièrement gagnés, sacrifiant l'égalité et la légalité à la naissance : la Chambre remit les choses au point. Ce qu'une Assemblée avait fait, une autre Assemblée le défaisait. N'est-ce pas là le jeu ordinaire, régulier, de la bascule politique et parlementaire ?

Les ducs d'Aumale, de Chartres, d'Alençon et de Penthièvre occupaient dans l'armée et la marine des emplois appartenant à d'autres tout aussi méritants et, bien certainement, plus dignes d'intérêt. On les leur retira. Ce fut un acte de justice qui servit de prétexte à une levée de boucliers contre un ministre de la guerre simple exécuteur des décisions des Chambres. Ce fut aussi un tolle dans le camp orléaniste.

Tout d'abord, on procéda sournoisement. Le général Boulanger trahissait qui l'avait servi ; il aurait dû abandonner son portefeuille plutôt que de consentir à frapper le duc d'Aumale, son protecteur et son bienfaiteur !

Eh bien ! voyons quelle peut être et quelle doit être la valeur de cet argument que les orléanistes crurent et croient encore décisif.

Le général Boulanger eut tort, grand tort, de déclarer qu'il n'avait pas écrit au duc d'Aumale. Je ne veux pas l'excuser de cette dénégation, mais encore faut-il savoir comment agirent les amis du duc.

Il y avait une lettre compromettante pour le général Boulanger dans les papiers de l'ancien commandant en chef du 7e corps, mais on ne publiait pas cette lettre. On en disait le sens, entre soi, dans le tuyau de l'oreille, on en citait même les termes, de mémoire. Ces confidences étaient recueillies, imprimées, devenant, par le fait, précises, définitives. Ce n'était pas là le style du général ; s'il avait écrit, il ne l'avait pas fait en ces termes. Ses amis l'interrogèrent, l'interwievèrent : il répondit qu'il n'avait pas écrit cette lettre. Il avait raison et tort tout à la fois : raison, puisque le texte n'était pas exact, tort, puisque, une fois ou l'autre, il avait correspondu avec le duc d'Aumale. Il aurait dû, aussi, se méfier des orléanistes qui retirent toujours un reçu, même de ce qui ne leur coûte rien à donner!

Dès lors, les royalistes triomphèrent et le duc d'Aumale livra le papier. Mais il est dit que les orléanistes ne feront rien proprement. Les princes d'Orléans voulaient bien confondre le général, mais ils ne voulaient pas dépenser d'argent. Leur mandataire avait fait clicher la fameuse lettre pour l'apporter aux journaux et, quelques jours après, on présenta la note aux journaux du parti qui avaient accepté les clichés. La plupart refusèrent de payer un service qu'ils avaient rendu ; le *Figaro*, le *Gaulois* et la *Gazette de France* s'exécutèrent et payèrent les clichés.

Quels pratiques que ces d'Orléans !

L'histoire fit quelque bruit et les journaux récalcitrants furent laissés tranquilles.

A la Chambre, on jeta souvent à la face du ministre de la guerre cette lettre d'un colonel à son chef. Le général Boulanger avait une attitude bien simple à tenir. A la tribune, quand le duc de Larochefoucauld l'interrompait pour lui reprocher son ingratitude, il pouvait aisément répondre :

— Oui, j'ai écrit la lettre que vous savez au duc d'Aumale ; il commandait en chef le 7e corps et je ne pouvais m'adresser qu'à lui, hiérarchiquement. Ce que j'ai fait, tous les officiers l'ont fait à l'égard de leurs supérieurs. Le duc d'Aumale servait la République tout comme vous, M. de Larochefoucauld, vous la serviez quand vous étiez ambassadeur à Londres. Le duc d'Aumale était mon supérieur. Voilà pourquoi je me suis adressé à lui !

J'imagine que les rieurs ne se seraient pas rangés du côté du duc d'Aumale et du duc de Larochefoucauld-Bisaccia.

Quant au duc d'Aumale, son rôle ne fut pas très brillant non plus.

S'imagine-t-on un commandant de corps d'armée plus occupé à ranger des petits papiers qu'à surveiller et à instruire les troupes ? C'est là un rôle indigne d'un général en chef et d'un duc qui s'est mis à plat ventre devant les pouvoirs publics pour obtenir un poste qu'il n'avait pas mérité. Et une conclusion se dégage de sa conduite, s'impose :

De deux choses l'une :

Ou le colonel Boulanger avait des titres et des droits pour devenir brigadier, ou il n'en avait pas.

S'il avait des titres et des droits à un avancement normal, régulier, sa lettre était inutile.

S'il n'avait aucun titre, aucun droit à cet avancement, le duc d'Aumale commandant en chef un corps d'armée a trahi la confiance d'un ministre de la guerre, a méconnu les titres et les droits d'un colonel plus méritant que le colonel Boulanger, en faisant accorder les étoiles à un courtisan incapable.

Cette conduite fait juger l'homme et la Chambre n'a été que juste en enlevant au duc d'Aumale un poste qu'il occupait pour le plus grand dommage de l'armée.

Je n'excuse pas le général Boulanger; il aurait dû avouer nettement la vérité, mais que penser de la famille d'Orléans qui songeait à se servir de ce même général pour restaurer son trône et en faire le lieutenant général du nouveau royaume?

Si le rôle du duc d'Aumale ne fut pas très brillant dans cette affaire, il ne fut pas beaucoup plus loyal, beaucoup plus honnête dans le procès Bazaine. Les d'Orléans ont toujours tout sacrifié à leur haine et à leurs intérêts particuliers et tant qu'il y aura un d'Orléans, la tradition ne se perdra pas.

M. Thiers avait résisté sans cesse aux exigences des orléanistes, refusant, après la guerre, d'ouvrir un débat d'où il ne pouvait sortir rien de bon pour l'armée et pour la France. Mais ceux-ci ne se lassèrent pas. Ils avaient un but politique et intéressé à atteindre : solidariser l'empire avec le maréchal Bazaine.

Le maréchal de Mac-Mahon accorda ce que M. Thiers n'avait jamais voulu autoriser. Ce fut une explosion de joie indécente dans le camp orléaniste, au comble, momentanément, de ses vœux. Le duc d'Aumale allait donc trôner et présider le conseil de guerre chargé de juger le maréchal Bazaine!

Les débats de ce procès furent académiques, le duc d'Aumale étant de l'Institut.

Si l'on avait eu réellement l'intention de juger Bazaine pour son crime et non pour la galerie, il n'était pas besoin d'un si grand étalage de formalités. Quand un officier est coupable de trahison, il est d'autant plus coupable qu'il a plus de galons, partant de responsabilité. Il fallait juger à huis clos ce maréchal de France qui avait un glorieux passé militaire et qui avait commandé à la première armée du monde. Et, alors, au conseil de guerre réuni, on pose ces deux questions :

L'accusé est-il coupable d'avoir trahi son pays?

L'accusé n'est-il pas coupable?

Innocent, on acquitte un maréchal qui n'a pas été à la hauteur de sa mission et n'a été que malheureux;

Coupable, on le dégrade devant la troupe

assemblée et on le fusille pour lui fournir l'occasion de savoir mourir puisqu'il n'a pas su servir sa Patrie !

Ce juste châtiment, cette expiation était due à l'armée, à cette armée de héros qui, sous Metz, faisait reculer l'invasion et pouvait encore sauver la France. Le soldat aurait vu là un grand exemple, la justice égale pour tous dans l'accomplissement du devoir de tout citoyen envers son pays.

Il n'en fut pas ainsi, hélas! et le conseil de guerre, si prompt à se complaire dans des discussions inutiles et dangereuses, si prompt à condamner Bazaine, ne fut pas moins prompt à signer, avec la même unanimité qu'il avait voté la peine de mort, un recours en grâce tendant à une commutation de peine.

La France, l'armée attendaient une autre solution et n'étaient point satisfaites : le duc d'Aumale et les orléanistes, eux, étaient satisfaits. Ils avaient rouvert, quelques années après nos défaites, nos plaies encore saignantes ; ils avaient montré au monde un maréchal de France trahissant sa patrie ; ils l'avaient condamné à l'unanimité et ils plaidaient, en même temps, les circonstances atténuantes en faveur d'un chef misérable !

Quel est donc le plus misérable ?

Celui qui, isolé de tout le monde, responsable

de la vie de 200.000 hommes et pris du vertige des grandeurs, capitule en rase campagne sans avoir fait ce que l'honneur et le devoir lui commandaient, ou celui qui, en pleine paix, sans responsabilité, même devant l'opinion publique savamment préparée, préside un conseil de guerre en vertu de l'ancienneté d'un grade usurpé et jette la défaveur sur son pays, sur l'armée, pour satisfaire de basses rancunes politiques ?

Il serait difficile de se prononcer entre ces deux hommes : l'un vaut l'autre. Suivant la tradition de sa famille, en la circonstance, le duc d'Aumale portait les armes contre sa patrie, à l'intérieur, comme son aïeul Égalité, comme son auguste père Louis-Philippe les avaient portées contre la France, en temps de guerre.

Qu'est-ce donc que ce duc d'Aumale dont certains se sont plu à célébrer les talents militaires, sinon un général de carton, un général de parade ? Écoutez la plainte indignée d'un vieux brave, d'un vétéran de l'armée d'Afrique :

La lettre présomptueuse du duc d'Aumale au président de la République me rapelle un fait qui s'est passé en Algérie en 1846 dans la province d'Oran, alors que j'étais sous-officier au 2e régiment de chasseurs à cheval d'Afrique.

A cette époque, signalée depuis comme la plus pénible des campagnes d'Afrique, au moment où l'émir

Abd-el-Kader, dans tout l'éclat de sa puissance, avait déclaré la guère sacrée en jurant sur le Koran d'anéantir les infidèles, le régiment se trouvait au ravitaillement sur la Tafna, après s'être assuré de ses communications avec la redoute de Lala-Magraia et de Djemmaa-el-Gazahouat.

Nous étions là, dépourvus de tout, vivres, munitions de guerre, vêtements, tout nous manquait, excepté nos chevaux et nos sabres.

On nous annonça, au deuxième jour de campement aux sources chaudes, l'arrivée du duc d'Amale, gouverneur général de l'Algérie, qui venait nous passer en revue.

A onze heures, huit escadrons des 2e et 4e régiments montaient à cheval pour se former en bataille; une batterie de montagne prenait position en avant, pour signaler par son feu l'arrivée du gouverneur, duc d'Aumale.

Nous avions tous la joie au cœur, il nous semblait que c'était la France qui venait nous visiter, nos officiers partageaient notre enthousiasme.

Qu'on songe donc qu'il y avait plus d'un an que nous étions en expédition, campagne forcée d'hiver et d'été, pour répondre de jour et de nuit aux attaques incessantes de l'ennemi et qu'il fallait couvrir de la protection de la France vingt-cinq ou trente tribus, trois villes, sept redoutes, escorter des convois de colons, de détachements de malades évacués, et on se rendra peut-être compte de nos fatigues, quand on saura qu'en outre, il nous fallait répondre aux attaques d'un ennemi farouche et sanguinaire, exalté par le fanatisme et toujours à la piste de nos mouvements pour châtier les tribus rebelles.

Le duc d'Aumale arriva au camp de la Tafna, dont le pont avait été brûlé, un mois auparavant, par l'ennemi ; nous l'attendions à cheval, le sabre à l'épaule depuis deux heures, sous une chaleur torride.

Enfin, le canon gronda, annonçant sa présence :

Il passa devant nous au pas de son cheval, la poitrine chamarrée d'un large ruban rouge, portant croix et crachats sur un brillant uniforme, le chapeau galonné d'or et de plumes blanches, il jeta un air dédaigneux sur ces cavaliers déguenillés, la figure ridée par les fatigues, noircie par la poudre, hâlée par le soleil, la barbe et les cheveux incultes, les uns ayant raccommodé leur uniforme avec des peaux de moutons, les autres portant des burnous pris dans les razzias, pour remplacer leurs vestes trouées aux coudes, usées sur les épaules.

Malgré notre misère, nos cœurs battaient aux champs.

Arrivé devant le dernier escadron, le fils de Louis-Philippe Ier se détourna avec dégoût en disant au colonel Moris :

— *Votre régiment ressemble à une bande de brigands !*

— Je suis leur chef ! Monseigneur !... lui répondit notre colonel en le saluant du sabre.

— Ma colonne est en campagne depuis quatorze mois... reprit le général Cavaignac ! Vous n'en voyez que la moitié, Monsieur le gouverneur !... le reste n'existe plus !...

Le duc d'Aumale, tournant le dos à ces deux héros, mit pied à terre pour se réfugier loin des ardeurs du soleil, sous une tente qu'abritait le beau massif de palmiers, près des sources chaudes, où un repas princier l'attendait.

Mais quelques chasseurs d'Afrique, qui avaient entendu, se mirent à crier :

— *Enlevez-le !...*

Le colonel Moris, s'élançant au galop devant le front de ses escadrons, s'écria, rouge de colère et de honte :

— *Silence !... Tonnerre !... Le premier qui ouvre la bouche... je le fais fusiller...*

Nous avions le cœur serré dans la poitrine, nous reprîmes nos rangs, quelque peu ébranlés sous le coup de l'émotion malsaine dont nous étions animés.

Nous mettions pied à terre dix minutes après.

Quinze jours plus tard, la France, représentée à la Chambre des députés, votait que l'*Armée d'Algérie avait bien mérité de la patrie !...*

VICTOR LEVASSEUR,
Ex-maréchal des logis-fourrier
au 2e régiment de chasseurs à cheval d'Afrique.

Est-ce que la lettre éloquente de ce sous-officier ne montre pas ce qu'était ce prince qui, ayant conquis à l'ombre de la complaisance paternelle un grade dont il n'était pas digne, insultait des héros qui, eux, s'étaient déguenillés sur les champs de bataille, avaient noirci au soleil brûlant d'Afrique pendant que ce fils de roi se vautrait sur les canapés des Tuileries et du palais du gouverneur.

M. Albert Rogat, un des plus brillants collaborateurs de M. Paul de Cassagnac, a dit aussi son mot sur le duc d'Aumale, dans sa brochure : *Ces beaux Messieurs d'Orléans.* En voici un extrait :

« Le duc d'Aumale, celui-là, par exemple, il en faut « parler avec prudence ; c'est le plus processif de nos

« généraux. Il a, rendons-lui au moins cette justice,
« gagné plus de procès que de batailles et il ne dédaigne
« pas de faire rentrer dans la profonde escarcelle où est
« venue s'engloutir la fortune du dernier des Condés,
« les quelques écus auxquels peut le faire condam-
« ner un journaliste irrévérencieux. »

A ceux qui regrettent que les princes d'Orléans aient été privés de leurs grades, on peut répondre :

— Dans notre société moderne, on gagne ses galons !

L'égalité l'exige ainsi. C'est ce que M. Paul de Cassagnac a excellemment pensé quand il écrivait :

L'égalité, c'est la devise française, c'est la devise démocratique, la seule que l'on ne puisse pas attaquer impunément en France.

Voilà pourquoi la situation des princes d'Orléans sera toujours fort difficile vis-à-vis de la nation, car ils paraissent ne vouloir en aucune façon se soumettre à la loi générale.

Politiquement et personnellement ils sont la négation vivante de l'égalité.

Politiquement ils représentent le droit de vote entre les mains des riches seulement, *créant ainsi une nouvelle noblesse, ignoble celle-là*, quand elle accapare tout dans une nation, la noblesse des écus bien ou mal acquis. Au point de vue personnel, il en est de même.

M. le duc de Nemours est général de division, M. le duc d'Aumale est général de division. M. le duc de Montpensier est colonel d'artillerie, *tout cela, sans avoir servi plus de temps que n'en met un sous-lieutenant pour passer lieutenant.*

M. le prince de Joinville est amiral, sans avoir navigué beaucoup plus que le moindre enseigne de vaisseau.

C'est déjà exorbitant, mais au moins ces princes *ont-ils fait semblant de servir*, tandis que M. le duc de Penthièvre et M. le duc de d'Alençon n'ont pas même ce faible mérite. Après être devenus, par faveur, officiers à titre provisoire, ils ont trouvé moyen de se faire maintenir dans leurs grades à titre définitif.

On le voit, ils ont commencé par s'introduire en catimini, modestement, puis, une fois entrés dans la place, ils s'y sont installés comme chez eux.

Et cependant, les princes d'Orléans n'étaient pas des officiers français, c'étaient des OFFICIERS ÉTRANGERS. *Il n'y avait aucune différence, au point de vue militaire, entre eux et le premier capitaine venu de la marine portugaise, brésilienne, ou de l'armée espagnole ou italienne.*

Eh bien, si un officier de ces nations étrangères demandait à servir dans l'armée française, le recevrait-on avec les mêmes facilités qu'on a mis à recevoir MM. de Penthièvre et d'Alençon ? Nous en doutons fort.

De plus, ces deux princes n'étaient même pas des officiers étrangers, dans toute l'acception régulière, car ils n'avaient pas eu leur avancement dans les mêmes conditions que leurs camarades.

C'est comme princes qu'ils étaient officiers étrangers, et non comme engagés volontaires ou comme élèves d'école militaire.

C'est comme princes qu'on a abaissé les lois devant eux et qu'on leur a fait des facilités inouïes, refusées au vulgaire.

NOUS TROUVONS, NOUS, QU'À NOTRE ÉPOQUE, DE PAREILS PRIVILÈGES SONT INADMISSIBLES.

. . . .

L'Assemblée, continuent les orléanistes, n'a donc rien fait que de juste en leur confirmant les grades qu'ils avaient obtenus à l'étranger et qui ne leur auraient certainement pas été refusés en France.

Voyez-vous cela !

De façon que si M. le duc de Penthièvre avait été décoré, dans son voyage, de l'ordre de l'Éléphant à deux têtes, il aurait également le droit de troquer cet ordre cochinchinois contre la Légion d'honneur, en disant : « Sans la loi d'exil, j'aurais été mis à l'ordre du jour en France, au lieu d'être mis à l'ordre du jour de l'armée siamoise ; au lieu de l'éléphant, j'aurais eu la Légion d'honneur ; c'est un effet de la loi d'exil : donc, donnez-moi la Légion d'honneur!

Et ainsi de suite, pour tout ce qui lui est arrivé depuis qu'il est sur la terre étrangère. Les princes d'Orléans oublient-ils que leur famille n'est pas la seule qui fut exilée ? et à ce propos ils font payer cher à la France le plaisir qu'on a eu de ne pas voir pendant vingt ans.

Sous leur roi Louis-Philippe, il nous semble que les Napoléon étaient pas mal exilés.

Et quand cette famille est revenue, elle n'a réclamé ni les cinquante millions qu'on pouvait lui devoir depuis 1815, ni les grades, ni toutes les masses de choses qu'ont réclamées les princes d'Orléans.

La France ne doit rien aux familles princières exilées par la politique et elles n'ont le droit d'exiger aucune réparation et aucun dédommagement.

Avoir pris la couronne de Charles X au mépris de toutes les lois divines et humaines, cela vaut bien, il nous semble, d'amener quelque retard dans la carrière militaire de M. d'Alençon ou de M. de Penthièvre. Et il est monstrueux qu'après l'attentat de 1830 la famille d'Orléans se montre d'une pareille âpreté *contre ce pays qui ne lui doit plus rien, ayant consenti à cette humiliation qui consistait à être gouverné par le fils d'un régicide et d'un meurtrier de son parent.*

Argent, honneurs, grades, il leur faut tout, et après l'occupation prussienne, la France est menacée d'être occupée par les d'Orléans, *qui trouvent évidemment dans le sang allemand dont leurs veines sont gonflées, la cause naturelle de toutes les réquisitions.*

Non, non, le temps n'est plus où l'on peut jouer avec les grades de l'armée, et les placer dans un berceau comme un hochet pour amuser et distraire les jeunes princes ! A la veille du premier de l'An, et à la place de bonbons et de chocolat, on ne donne pas des épaulettes pralinées à M. le duc de Penthièvre et à M. le duc d'Alençon ! Cela coûte trop cher à la discipline et à la hiérarchie militaire.

Du moment où l'on a régularisé *la situation tout exceptionnelle de ces officiers d'occasion*, pourquoi n'a-t-on pas maintenu Bordone, Cremer, Lissagaray, Perin et les autres généraux de Gambetta ?

C'est la même chose, et l'injustice, quelle qu'en soit la couleur, qu'elle soit blanche ou rouge, qu'elle vienne de droite ou de gauche, est toujours l'injustice.

La famille d'Orléans s'est tuée moralement le jour où elle a refusé d'accepter l'égalité devant l'urne du suffrage universel et l'égalité sous les drapeaux français, méprisant les droits qu'a le peuple dans l'arbitrage de ses destinées et dans la juste récompense qu'il va chercher sur le champ de bataille.

Les orléanistes qui jettent les hauts cris parce qu'on a décousu légalement les galons et les étoiles que leurs princes portaient sur leurs manches, n'ont pas eu un mot de regret — ne fût-ce que pour sauver les apparences — sur la situation faite au Prince Napoléon dépouillé, lui aussi, d'un grade qu'il ne devait qu'à la naissance.

Je sais bien qu'ils ne s'arrêtent pas là dans leurs récriminations. Volontiers, ont eût passé condamnation pour les grades, mais l'exil est un thème inépuisable pour leur sensiblerie calculée. Cependant, il n'y a qu'à se souvenir. Le général de Cathelineau s'est souvenu, car voici la vigoureuse apostrophe qu'il décoche au comte de Paris, chef de la famille d'Orléans :

Et c'est vous, comte de Paris dont l'épée n'a servi aucune de ces nobles causes, mais qui avez trouvé plus habile de vous faire soldat de la république américaine, qui avez l'imprudence de soulever de pareils débats !

C'est vous, soldat de cette république d'Anglo-Allemands, qui avez combattu ces États du Sud, les anciens colons français qui s'étaient levés contre l'oppression des Yankees, c'est vous qui vous êtes enrôlé pour soutenir la cause anti-française, anti-européenne, qui était l'amoindrissement de cette puissance qui devient de jour en jour plus colossale et qui ruine aujourd'hui par sa concurrence, et *notre agriculture et notre industrie*. Voilà à quelle cause vous vous êtes dévoué !

Vous combattez sous les ordres d'un général Grant,

banqueroutier, d'un Cluseret, général de la Commune, d'un Bulter, qui faisait fouetter les femmes des villes prises, d'un Ickerman, l'acolyte de Bismarck et de de Moltke sur nos champs de bataille de France et qui les aidait de ses conseils contre nous.

Voilà vos frères d'armes.

Et vous combattiez, qui? Des généraux de sang français, les Beauregard, les Trobriant?

Vous combattiez pour New-York, Philadelphie et Boston contre Louisville, la Nouvelle-Orléans, Vincennes, Saint-Louis, toutes ces villes dont les noms sont encore ceux de la Patrie!

Et c'est vous, soldat américain, au demi-sang allemand, qui osez traiter d'étrangers les fils de Louis XIV!

. . . .

Etes-vous de ceux-là, monsieur le comte de Paris, vous, le prince muet qui par *peur* de l'exil, par *peur* de perdre vos châteaux et vos millions recouvrés dans nos désastres, par *peur* d'une politique franche et loyale n'avez retrouvé la parole qu'au delà de nos rivages, et qui, par *peur*, aviez donné la consigne du silence, vous qui, par *peur* aviez interdit le cri de: *Vive le Roi!*

Et c'est un roi légitime qui parle de la sorte? Non, non, vous êtes de cette famille de princes *à tout faire* où l'on trouve les régents, les conventionnels, les jacobins, les régicides, les usurpateurs!

Fils d'usurpateur, vous mariez vos filles à des usurpateurs! Fils de protestants, vous mariez vos filles à des protestants, et vous seriez le fils aîné de l'Eglise?

C'est dans l'histoire de votre aïeul que je lis le pillage de l'Archevêché, le sac de Saint-Germain-l'Auxerrois, la désaffectation de Sainte-Geneviève pour en faire le Panthéon, l'abattage des croix! La Commune et la République n'ont suivit que votre exemple.

Le drame nocturne du 26 août 1830 : le legs du

prince de Condé à ses anciens compagnons d'armes déclaré *immoral* et venant accroître l'opulent héritage tombé de l'espagnolette de Saint-Leu... Le bannissement (que vous subissez à votre tour et contre lequel vous protestez) n'avait-il pas été infligé à Charles X, à son fils, à la fille de Louis XVI, à la duchesse de Berry, à Henri V, par votre grand-père auquel le roi, se fiant à ses serments, remettait le dépôt du roi mineur, en le nommant lieutenant général de royaume, avec mandat de le faire proclamer, et qui, par le parjure le plus scandaleux, violait la loi d'hérédité consacrée par cette Charte au nom de laquelle on faisait cette révolution, et s'emparait de la couronne qu'il avait mission et juré de défendre !

Tout cela c'est l'histoire indéniable de celui que vous qualifiez de *Roi honnête homme !* — Un autre « *Galantuomo* » qui détrousse les rois, ses parents, et l'Église !

Ah ! cette accumulation de forfaits, depuis le Régent, Philippe-Egalité, Louis-Philippe et vous-même, n'est-ce pas l'*Indignité* prévue par le Code lui-même *qui défend d'hériter de ceux* qu'on assassine, qu'on vole, ou qu'on trahit !

Les orléanistes n'ont pas le droit de se plaindre. Ils ont fait et feraient encore aux autres ce que la République a fait contre tous les princes, ce qui, en somme, est tout simplement naturel.

Est-ce qu'un gouvernement, quel qu'il soit, n'a pas le droit et le devoir de se défendre ? Si le comte de Paris montait sur le trône, il exilerait les princes de la famille Bonaparte ; si le prince Victor occupait la place convoitée par le comte de Paris, il ne laisserait certainement pas les princes d'Orléans intriguer en France. Je ne saurais reprocher à la République de se défendre contre des princes, qu'ils soient Bonaparte ou d'Orléans, qui se réclament de l'hérédité et aspirent à gouverner. L'état de prétendant vous classe tout de suite, vous met en dehors des autres citoyens, et les prétendants doivent subir les conséquences et les inconvénients de la situation.

Les princes sont-ils de simples citoyens sans plus de prétentions au pouvoir que vous et moi? Qu'on les laisse tranquilles. Sont-ils au contraire, des prétendants? Comme ils veulent se substituer à ceux qui gouvernent, c'est-à-dire à la République, il est tout simple que la République les traite selon leur rang. Et, il faut l'avouer, elle a été bonne fille !

L'état de prince prétendant est spécial et, à mon avis, un véritable prétendant, un prétendant convaincu de ses droits et de la mission qu'il a à remplir, ne s'appartient pas. Il appartient à son parti. Trois alternatives s'offrent à lui :

Monter sur le trône ;

Etre en prison ou avoir reçu une balle en pleine poitrine pour le conquérir.

Il y a bien une autre alternative : l'exil ! Celle-là, je ne l'admets pas ou seulement momentanée.

Si le prince Louis Bonaparte s'était contenté des douceurs de l'exil, s'il n'avait jamais rien tenté pour rentrer en France, il n'aurait jamais régné.

Le cliché : *le pain amer de l'exil*, a fait son temps. Les princes mangent bien et du pain de première qualité ; ils ont nombreuse et distinguée compagnie ; ils voyagent agréablement et ne souffrent pas autant que les ouvriers qui chaque jour se lèvent tôt et se couchent tard, ne sachant même pas s'ils gagneront assez pour nourrir leur famille. Combien, parmi eux, changeraient leur situation contre celle des princes consolés, d'avance, de bien vivre à l'étranger ?

Pour faire une monarchie, il faut un prétendant, tout comme pour faire un civet il faut un lièvre, à moins de faire un civet de chat. Mais, alors, le civet ne serait pas de droit divin !

Le prétendant qui comprendra son métier et ses devoirs montera-t-il sur le trône ? Je ne sais ; mais ce que je sais bien, c'est que ses partisans seraient plus nombreux, plus confiants, plus résolus et que ses adversaires le redouteraient — ce qui est déjà quelque chose — et auraient pour lui l'estime qu'on a toujours pour un « *mâle* », car en France ce mot fera toujours prime.

Mais les temps héroïques sont passés et les royalistes eux-mêmes en font le pénible aveu, désespérant de trouver parmi les représentants de la monarchie celui qui tenterait de la restaurer. Un des plus intelligents, des plus convaincus et des plus honnêtes journalistes catholiques, M. Charles Dupuy, ne dissimule pas ses craintes dans la *Gazette de France* :

Les tempéraments de héros, dit-il, de martyrs, de sacrifiés deviennent de plus en plus rares, qu'on le sache bien !

On suivra qui marchera, et les forces conservatrices ne retrouveront la cohésion et la confiance que le jour où, ayant confiance en elles, on les aura réorganisées, non pour les fatiguer dans de stériles manœuvres, mais pour les diriger résolument vers un but.

Dans sa généreuse ardeur, M. Dupuy cherche qui marchera : il cherchera longtemps, et, trouvat-il le chef qu'il appelle de ses vœux, la masse ne suivrait pas. Il en indique lui-même la raison :

Les meilleurs hésitent, ne sachant, s'il leur sera tenu compte de leurs efforts et de leurs sacrifices et même si leur autorité et leur dévouement ne leur seront pas reprochés comme des actes d'indiscipline ou des excès de zèle.

Est-ce que l'expérience n'a pas démontré qu'il était inutile de se sacrifier, de se dévouer, pour des gens qui n'ont qu'un but : exploiter la crédulité des autres ?

L'ère des sacrifices et des dévouements est

close et les princes, tout comme les états-majors, n'ont plus à compter que sur eux-mêmes si tant est qu'ils soient susceptibles de tenter quoi que ce soit.

Ils ne seront pas suivis.

Pour mon compte, je n'ai jamais été bien ému par les criailleries de ceux qui ont reproché à la République d'avoir retiré leurs grades aux princes et de les avoir exilés. En dépit de toute ma bonne volonté, je n'ai pas pu m'apitoyer sur le sort des d'Orléans, surtout, plus atteints par cette double mesure. Et il eût été préférable pour eux d'avoir été maintenus à l'étranger par les lois d'exil, car on ne pourrait leur reprocher d'être venus, une fois de plus, dans les fourgons prussiens, pour rançonner notre pays. Leur éloignement eût profité à tout le monde.

Les états-majors se plaignent avec persistance de ce que les hommes au pouvoir ne les prient pas, humblement, de les remplacer, et ne leur apportent pas les clefs de l'Elysée sur un plateau d'argent. On espérait avaler le ministère, d'une seule bouchée, au 22 septembre 1889, et l'on ne pouvait s'imaginer qu'il aurait l'audace de se tourner en travers. Cela est si vrai que M. Robert Michell avait déjà sollicité du prince Victor l'autorisation de devenir ministre du général Boulanger !

Du reste, la Droite facilitait elle-même le ministère. Voici un exemple bien topique.

Le comité central impérialiste réunissait des documents sur les élections générales, constituait les dossiers. Un jour, on s'aperçoit que quelques dossiers ont disparu. On s'enquiert. On interroge le concierge qui, béatement, répond :

— Je m'ennuyais et, pour passer le temps, j'ai pris et lu vos dossiers.

La chose est assez piquante, n'est-ce pas ? Mais elle l'est bien davantage encore. Le concierge était employé au ministère de l'intérieur !

Un autre exemple, bien topique aussi.

Le général Boulanger était à l'hôtel du Louvre où il recevait beaucoup de monde. Des agents stationnaient à la porte de l'hôtel. Le ministère d'alors pensa qu'il était préférable de procéder autrement.

Un jour, M. X... arrive chez le général et lui dit :

— Mon général, les agents qui stationnent devant l'hôtel gênent vos visiteurs ou, tout au moins, peuvent en gêner quelques-uns. Il faut aviser et voilà à quoi j'ai pensé. Je suis très lié avec le secrétaire général de la préfecture de police avec lequel j'ai causé de la chose. Il retirera ses agents et les remplacera par un monsieur attaché spécialement à votre personne. Ce monsieur est un ancien officier, chevalier de la Légion d'honneur. Il accepte la mission ; chaque matin il viendra vous voir, puis ira faire son rapport. De plus, la préfecture se charge de le payer : elle lui donnera 2.500 francs par mois.

Le général répondit :

— Ma foi, il vaut mieux être surveillé par quelqu'un qu'on connaît.

Et il reçut l'ancien officier qui, pendant quelque temps s'acquitta de ses fonctions sans soulever aucune réclamation. Cela ne pouvait durer. Un visiteur se plaignit au général.

— Vous avez, dit-il, un mouchard qui raconte ce qui se passe et dénonce ceux qui viennent ici ; comme j'ai des ménagements à garder, je ne reviendrai pas tant que votre entourage ne sera pas plus sûr et épuré.

Le général se sépara alors de l'ancien officier, dont le zèle policier avait été trop grand.

La leçon aurait dû servir. Il n'en fut rien et l'ancien officier fut chargé, plus tard, de diriger l'élection du 27 janvier. Il ne resta pas non plus étranger à la direction des élections générales.

C'est dire que M. Constans, comme M. Floquet, pouvait savoir tout ce que faisait le comte Dillon qui avait une grande confiance en M. X... et le gardait auprès de lui malgré les plaintes de tous ceux qui savaient les attaches de l'ancien officier avec la préfecture de police.

Et ce M. X... était chargé de parcourir la province pour recueillir des renseignements sur les candidats favorables au général !

En politique comme à la guerre, il ne faut jamais mépriser ses adversaires. Il faut, au contraire, leur attribuer une puissance que souvent ils n'ont pas. Victorieux, la gloire est plus grande ; battu, on a diminué par avance les effets de la défaite. Il faut surtout se dire que le ministère attaqué fera son devoir comme on l'eût fait soi-même. Cela est humain et, dans les batailles de la vie, celui-là est perdu qui s'abandonne. Le *journal officiel* nous en fournit un exemple.

On reprochait au gouvernement du maréchal de n'avoir pas fait son devoir au 16 mai. M. de Fourtou répondit à l'un des 363 qui lui adressait ce reproche :

— Si nous avions fait tout notre devoir, vous ne seriez pas ici !

C'est là l'aveu le plus imprudent qu'un homme politique puisse faire et tout commentaire est inutile pour démontrer qu'avec de telles théories, il est préférable de rester tranquille et de ne pas s'embarquer dans des aventures qu'on serait excusable d'avoir entreprises à la condition d'avoir un plan et d'être décidé à aller jusqu'au bout. Au lieu de cela, on s'arrête à moitié chemin, on agite inutilement le pays, on compromet ceux qui croient à la parole du « loyal soldat » et de ses collaborateurs, et on lâche tout le monde !

C'est là une politique aussi criminelle que décevante.

Les conservateurs ont renouvelé l'expérience en 1889 : elle n'a pas mieux réussi.

Pouvait-elle réussir ?

CHAPITRE IV

La coalition ne pouvait pas réussir. — Les orléanistes dirigent le mouvement revisionniste pour trahir ensuite. — La proposition Maujan. — Discours de M. Constans à Périgueux. — Attaques contre M. Constans par les droites et flagorneries des droites pour M. Constans. — Les droites sont liées. — Rôle de M. de Mackau pour les invalidations. — Lâcheté politique de la droite. — Comment M. Lambert de Sainte-Croix a célébré, en vers, la royauté. — Candidature officielle. — Le cumul.

La coalition, en effet, ne pouvait pas réussir. C'est qu'il faut, pour aboutir, être de bonne foi de part et d'autre quand le but à atteindre est nettement délimité. Alors chacun marche à sa place de bataille, serre les coudes, sans se préoccuper de savoir qui arrivera premier puisqu'on doit arriver ensemble. Mais, pour cela, il ne faut pas avoir des alliés toujours disposés à trahir en route et à tirer dans le dos de ceux qui, loyalement, sans arrière-pensée, combattent pour le respect absolu du suffrage universel.

Le programme, cependant, était bien tracé. Les monarchistes de toute nuance, en prenant le général Boulanger comme leader, reconnaissaient l'impossibilité de toute monarchie puisqu'ils ne mettaient pas en cause la forme de gouvernement et que les prétendants abdiquaient de fait entre les mains de l'ancien ministre de la guerre.

De quoi s'agissait-il ? De consolider la République imposée à tous par le chef du mouvement revisionniste, de l'ouvrir largement à toutes les bonnes volontés, à tous les dévouements, de la mettre au-dessus de toutes compétitions, de toute attaque, de toute atteinte, par une révision votée par une Constituante élue spécialement à cet effet.

Ce programme, je l'avoue sincèrement, m'avait séduit, non pas à cause de ceux qui devaient le faire triompher — les hommes passent et les principes restent — mais, uniquement, parce que ce programme était le mien, parce que je le croyais bon, juste, et que je voyais dans sa réalisation l'acheminement rapide vers la réconciliation nationale sur un terrain devenu accessible à tous. Pour moi, le mot, l'étiquette importent peu : la chose seule me tient à cœur, et je pensais qu'il était temps, enfin, de mettre un terme à des malentendus, à des luttes stériles, sinon nuisibles, se renouvelant périodiquement tous les quatre ans ; je pensais qu'il fallait mettre, une bonne fois, la forme gouvernemental hors de discussion, cette forme gouvernementale que les monarchistes n'attaquent pas franchement, ouvertement, en période électorale, mais se réservent, par restriction mentale, de saper sournoisement.

La revision, certainement, se fera un jour ou l'autre et c'en sera fait, alors, de cette constitution bâtarde créée à leur image par les orléanistes. Ce jour-là, il n'y aura plus qu'à s'incliner, car les équivoques ne seront plus permises aux roublards qui réclamaient la revision comme moyen d'opposition et non comme solution. L'apaisement sera complet, et tant pis pour les réactionnaires qui, du reste, seraient une quantité bien négligeable.

Oh ! nous n'ignorons pas le raisonnement des orléanistes et des solutionnistes. Pour eux, la revision était un prétexte, ce n'était pas un but. Aussi les a-t-on vus, au lendemain des élections générales de septembre 1889, repousser la proposition Maujan et, ainsi, trahir leurs engagements et leurs promesses. Et pour quel motif ? Parce que la revision, telle que la comprenait M. Maujan, n'était pas celle de leur rêve ! En vérité, ce n'est là qu'une piteuse et malhonnête défaite. Il n'y avait pas à se demander si la revision proposée était la revision type, il fallait simplement se dire que c'était un premier pas de fait dans la voie où l'on s'était si tumultueusement engagé. La politique du tout ou rien est la pire des politiques et les droites, en s'abstenant ou en repoussant la proposition Maujan, ont cyniquement trahi leur mandat.

Cela leur importe peu. La revision était pour elle un cheval de renfort, un cheval de bataille qui est rentré fourbu à l'écurie après la course, et comme ce quadrupède ne pouvait plus servir à tirer le véhicule orléaniste, on a préféré le mettre complètement à la réforme au lieu d'utiliser, pour un parcours moindre, ce serviteur qui réclamait des soins et des ménagements. Quelques députés, revisionnistes fougueux comme candidats, notamment M. Dugué de la Fauconnerie, ont motivé leurs votes.

— La revision était tout notre programme ; le suffrage universel n'en a pas voulu ; donc, à bas la revision !

Si je croyais qu'un député eût le droit de manquer aussi vite à ses engagements, ce raisonnement serait de nature à me faire excuser sa conduite. Je n'irai pas jusque-là.

Un programme constitue un ensemble de vœux, de promesses, d'engagements, et n'est pas réalisable en bloc, en un seul jour. Il vaut mieux obtenir un peu, que rien du tout. Du reste, pour être logiques, ceux qui pensent comme M. Dugué de la Fauconnerie devraient aller jusqu'au bout.

Le plébiscite est, sous une forme plus large, plus vaste, une élection générale dégagée, dans une certaine mesure, de l'esprit local ; c'est pour cela, à mon sens, que le verdict de tout un peuple est sans appel. Mais qui ne reconnaîtra pas dans les élections générales de 1889 une consultation nationale plus complète que celles faites jusqu'à ce jour ?

La lutte s'est engagée dans des conditions spéciales, elle a été plus vive, plus acharnée, plus précise que jamais, et si la coalition avait triomphé, elle n'eût pas manqué de crier bien haut :

— Le suffrage universel a prononcé contre vous, allez-vous-en, gens du pouvoir, et cédez-nous la place !

Ce ne serait pas sans raison que les vainqueurs auraient tenu ce langage. Pourquoi, alors, ne pas reconnaître, comme une vérité, ce qu'on eût proclamé un principe devant lequel auraient dû se prosterner les vaincus? Pourquoi? Parce qu'on avait une arrière pensée et que certains pêcheurs en eau trouble mettent toute leur habileté à confondre le mot et la chose pour continuer leur exploitation.

Avant le général Boulanger, j'appelais de mes vœux le verdict du peuple ; si ce verdict n'est pas aussi complet que je l'eusse souhaité, il n'en est pas moins décisif pour quiconque a le courage d'envisager la situation en face et de se prononcer. Pour les autres, qu'un respect humain exagéré retient encore et qui craignent de passer pour renégats aux yeux de ceux qui ont servi tous les gouvernements et les ont tous trahis, il est à souhaiter qu'on leur accorde le mot, le plébisciste, épreuve dans laquelle la République n'a rien à redouter, car elle en sortirait bien victorieuse.

Le peuple ayant parlé et dicté sa loi, l'heure de la réconciliation serait venue, de cette réconciliation si utile aux intérêts et à la grandeur de la France. Et tant pis pour les émigrés de l'intérieur, car il n'y aurait plus d'équivoque possible : il n'y aurait qu'à obéir.

Avec le général Boulanger, les uns acceptaient — nous étions de ceux-là — la république ouverte, libérale, accueillant tout le monde, tous les enfants d'une même mère dont l'éducation n'a pas été confiée au même professeur, mais désireux de concourir à la prospérité du pays ;

Les autres, les orléanistes, acceptaient tout — que n'accepteraient-ils pas ? — mais songeaient déjà à arriver en majorité, dans la nouvelle majorité, à faire prisonniers le général et la démocratie bonapartiste et, par suite, à faire un « coup parlementaire ». L'or des d'Orléans eût suffi à tout et à tous.

C'était la guerre intestine pour le lendemain de la bataille qui devait inaugurer une ère de paix et de tranquillité. Le bon sens populaire a fait bonne justice : il faut l'en féliciter.

Le programme de 1889, nous le revendiquons en 1890, tout disposé à être reconnaissant envers ceux qui le réalisent. Nous étions de bonne foi et souhaitions la république ouverte, libérale, accueillant tout le monde ; il en est de même encore, tandis que les autres ne désiraient la réussite que dans un intérêt particulier ou dynastique. Ceux-là crieront au scandale, se voileront la face : tant pis pour eux.

Aussi bien, n'ai-je pas à regarder d'où vient la république ouverte, libérale, tolérante, pourvu qu'elle vienne : qui me la donnera, sera le bienvenu. Les clameurs me laissent froid et indifférent, ayant bec et ongles et étant résolu à montrer de quel côté est la bonne foi. Quand un ministre dit, après sa victoire éclatante :

« A l'intérieur, la paix paraît se faire plus complè-
« tement de jour en jour. Sans doute, il est encore
« des gens qui regrettent des régimes anciens qui
« ont eu leurs dates glorieuses et qui ont fait de la
« France un grand pays. Ceux-là sont retenus, ratta-
« chés par leurs traditions ou leurs souvenirs. Nous
« respectons leurs croyances et nous ne cherchons
« pas plus à les en détacher qu'eux-mêmes ne son-
« geraient à nous détacher des nôtres. Mais il est
« aussi une génération toute nouvelle et qui ne doit
« rien au passé. Nous nous adressons à ceux qui
« la composent, en appelant à nous tous les hommes
« de bonne volonté. La République est large et les
« accueillera à bras ouverts. Recevons-les comme

« des pères, et fasse Dieu qu'il n'y ait plus bientôt « dans ce pays que des patriotes également dévoués « à la France et à la République. »

Ce ministre, s'appelât-il Constans, est mon homme.

C'est pour le coup qu'on va se signer et crier à l'abomination de la désolation. Criez, orléanistes, chantez même, et sur l'air de Marlborough, ce sera de circonstance, car, bientôt, vous n'aurez plus pour vous entendre les « quatr' zofficiers » qui jetèrent la dernière pelletée de terre sur vos prétentions.

En la circonstance, comme en tant d'autres, ceux qui se montreront le plus scandalisés sont certainement ceux qui ont occupé de grasses fonctions sous l'Empire et ont les premiers envahi les Tuileries, ceux qui ont servi la République et la serviraient encore si la République ne les avait cassés aux gages. Moi, qui n'ai servi ni l'Empire, ni la République, j'ai bien le droit de dire ma façon de penser et d'accepter un gouvernement que certains discutent encore pour conserver une clientèle qui leur échappe, une clientèle qu'ils ont trompée et qui est leur seule raison d'être. Ce droit n'est pas contestable et c'est aussi le droit — voire même le devoir — de tous les petits qui, voyant plus clair dans les menées des états-majors, retourneront à la démocratie.

Ce retour n'est qu'une question de jours et d'heures.

M. Constans a été le plus attaqué durant la période électorale ; il n'en faut pas être surpris, puisqu'il était ministre de l'intérieur et, comme tel, chargé de la direction des élections. Ce n'était pas un homme nouveau et on devait savoir que pas un ministre n'inspirait autant de confiance aux fonctionnaires. Jamais, en effet, un chef n'a soutenu et couvert les subordonnés comme M. Constans soutient et couvre ses subordonnés. Ils savent qu'on a en lui un défenseur et il n'en faut pas davantage pour que chacun obéisse à une direction qui ne fait jamais défaut. Consultez les préfets, les sous-préfets, non pas seulement pour 1889, mais même du temps où M. Granet était directeur du personnel : tous vous diront que M. Constans répondait toujours nettement aux questions posées et qu'ils repartaient pour leurs départements sachant ce qu'ils avaient à faire.

M. Constans était le meilleur atout dans le jeu gouvernemental. Il laissait crier, poursuivait ses combinaisons, et ce Gascon spirituel, bon garçon, attendait la fin.

On sait quelle elle fut.

Mais si on le couvrit d'injures avant et pendant la bataille, les candidats devenus députés l'auraient volontiers couvert de fleurs pour obtenir de lui un sourire, si ce sourire annonçait de bonnes dispositions pour les validations. C'est à l'époque de la vérification des pouvoirs qu'il fallait voir les courbettes, les bassesses des défenseurs du trône et de l'autel. M. Constans avait-il éternué trois fois; on se précipitait place Beauvau pour avoir des nouvelles de l'auguste malade ! M. Constans paraissait-il dans les couloirs de la Chambre après une absence de quelques jours, on accourait, les bras ouverts, on le complimentait sur la fin de sa maudite indisposition, on l'attirait dans l'embrasure d'une fenêtre, pour se recommander à lui.

Etre validé, tout était là et, à droite, les colères, les récriminations, les plaintes avaient changé : on ne récriminait plus, on ne se plaignait plus ; oubliant les colères, on était tout sucre et tout miel. Dans la salle des séances, c'était une véritable procession au banc ministériel ; on prodiguait de l'Excellence à bouche que veux-tu. L'intérêt personnel avait tout de suite plié ces grands caractères !

Voilà ce que ne doivent plus ignorer les électeurs, les petits qui eussent été bien étonnés, au mois de novembre, de voir causer amicalement avec M. Constans, si vilipendé en septembre, MM. le marquis de Breteuil, Paul de Cassagnac, Delafosse, Jolibois, Robert Mitchell, etc.. Témoins de cela, la désillusion serait vite venue, et avec la désillusion, l'abandon de personnalités qui n'ont jamais songé à monter à la tribune pour contester l'élection de Toulouse.

Pour ceux qui connaissent le dessous des cartes et qui savent ce qui se passe dans les couloirs, il était aisé de prévoir que pas un membre de la Droite ne s'élèverait contre l'élection de M. Constans. Mais on ne pouvait espérer que la Droite elle-même avouerait son entente avec le ministère.

Voici, *in extenso*, ce qu'on trouve dans le *Journal officiel* du 8 décembre 1889 :

M. EMMANUEL ARÈNE. — Messieurs, je n'ajouterai qu'un mot. Je vous demande, je demande à mes honorables collègues de la droite, ce qu'ils diraient si un fonctionnaire quelconque, à quelque degré que ce fût de la hiérarchie civile, écrivait, en période électorale, une lettre semblable. (Bruyantes interruptions à droite.)

A droite : Ils le font tous !

M. LE BARON DE MACKAU et plusieurs autres membres. — Nous pourrions vous en citer beaucoup.

M. GUSTAVE RIVET. — Apportez-en donc une seule ?

M. BERGEROT. — Ils en ont fait bien d'autres.

M. LE PRÉSIDENT se tournant vers la droite. — Nous sommes arrivés à la fin de la vérification des pouvoirs, et il est certain qu'aucun de vous n'a apporté à la tribune un seul document tendant à établir un fait de cette nature. (Applaudissements à gauche et au centre. — Interruptions à droite.)

M. le Provost de Launay. — Nous avons des raisons pour cela : *vous savez bien que nous ne sommes pas libres.*

M. le Président. — Comment ! vous n'êtes pas libres ?

M. le Provost de Launay. — NON ! NOUS SOMMES LIÉS.

Liés par qui ? Liés par quoi ?

Je connais, moi, un lien qui devait obliger les conservateurs à conserver leur liberté — ils ne savent même pas conserver cela — c'est le lien contracté avec les électeurs qui, ayant suivi les candidats de l'opposition, attendaient d'eux une attitude plus digne, plus honnête et plus indépendante. Mais ils étaient liés, bonnes gens, et vous êtes bien curieux de demander à savoir par qui, par quoi et pourquoi ? Oubliant cyniquement ceux qui les avaient élus, ils n'oubliaient pas leurs intérêts particuliers. Ils voulaient rester députés.

M. Drumont s'est demandé, lui aussi, dans *Dernière Bataille*, par qui et par quoi les conservateurs étaient liés. On n'a pas répondu à sa question indiscrète, pas plus qu'on ne satisfit la curiosité des quelques journaux qui, comme l'*Univers*, désiraient apprendre comment on s'y était pris pour *ligoter* les hommes de la Droite. Mais il répond lui-même quand il écrit :

Cela me rappelle la surprise d'un député de mes

amis qui débarquait de province avec l'idée de combattre : il arrive pour déjeuner chez des amis. « Mon cher, lui dit le maître de la maison, vous avez autre chose à faire qu'à déjeuner, allez vite chez de Mackau... »

— Pourquoi chez Mackau ?...

— C'est Mackau qui fait le travail des invalidations avec Constans...

— Comment ! Mackau fait le travail des invalidations avec Constans... Je trouve votre charge d'un goût douteux.

— C'est comme cela... Mackau négocie toujours... Il aurait affaire avec l'exécuteur des hautes œuvres qu'il négocierait toujours avec lui un *modus vivendi*.

Mon député alla trouver Mackau et fut validé.

Il vaut mieux rire que se fâcher, bien qu'on soit pris d'un haut-le-cœur en voyant des hommes se conduire de la sorte. Ils se prétendent honnêtes et volent la confiance de ceux qui les ont élus ; ils se prétendent honnêtes et volent ceux qui ont fait des sacrifices pour les soutenir ; ils se prétendent honnêtes et trahissent leur mandat !

Et voilà les parangons de vertu qui posent pour le désintéressement, pour le dévouement à la chose publique et à leurs commettants ! Ce sont de simples flibustiers politiques.

La Droite, du reste, a toujours trahi sa cause.

En 1885, il y eut des invalidations. Les députés conservateurs élus dans le Tarn-et-Garonne retournèrent devant leurs électeurs. Le résultat fut contesté pour la liste tout entière, mais trois conservateurs avaient la majorité exigée. Le quatrième, M. Brunel, avait plus de voix que M. Lasserre, candidat républicain venant le premier après les quatre candidats conservateurs. Ceux qui ne se rappellent pas ce qui s'est passé, penseront de suite qu'on valida les trois premiers et que MM. Brunel et Lasserre furent renvoyés devant le suffrage universel. Oh! que nenni.

La Droite proposa elle-même de valider ses trois amis qui avaient obtenu la majorité légale et de valider en même temps M. Lasserre, républicain, qui n'arrivait que cinquième, alors qu'il ne fallait que quatre députés.

M. Brunel, conservateur, était sacrifié, et la Droite avait commis une lâcheté politique de plus.

Il est vrai qu'en ce temps-là, — comme maintenant — les orléanistes dirigeaient la Droite et que toutes les concessions, toutes les bassesses étaient à l'ordre du jour pour essayer de sauver M. Lambert de Sainte-Croix élu dans les Landes et ami personnel du comte de Paris. On avait sacrifié M. Brunel tout comme on avait sacrifié un grand nombre de droitiers. Ces platitudes ne sauvèrent pas M. Lambert de Sainte-Croix, qui fut invalidé et ne fut pas réélu. Il y avait donc, ce jour-là, une justice!

M. Lambert de Sainte-Croix disparaissait de la scène politique, *s'en allait*, ainsi que les rois, cousins du comte de Paris, dont il célébrait ainsi la gloire :

Vous n'êtes plus majestés en détresse,
Bonnes qu'à boire et qu'à faire l'amour.
Rois bambocheurs, hâtez-vous, le temps presse,
La royauté n'a peut être qu'un jour.
Çà, vautrez-vous dans votre auguste fange,
Hohenzollern, Romanoff et Cobourgs,
Bragance, Habsbourgs, Brunswick, Savoie, Orange,
Les rois S'EN VONT ! battez aux champs, tambours.

La démocratie battra aux champs, elle aussi, mais pour célébrer sa délivrance et sa rupture complète avec les états-majors réduits, alors, à l'impossibilité de nuire et de trahir puisqu'ils seront seuls. Le châtiment sera juste ; il pourrait être plus sévère.

Je connais un brave officier qui avait placé toutes ses économies dans le Panama. Il disait :

— Je me consolerais d'avoir perdu mes économies si je pouvais porter des chaussons de lisière fabriqués en prison par Ferdinand de Lesseps !

Parmi ceux qui ont placé leur confiance en la Droite, combien se consoleraient d'avoir perdu leur temps et leurs votes, s'ils pouvaient porter des chaussons de lisière fabriqués, à l'ombre, par M. de Mackau et ses complices!

Dans la vérification des pouvoirs, je voudrais qu'on ramenât tout à une question de principes, parce que c'est là une opération grosse de dangers. Avec elle naissent des précédents qui peuvent se retourner contre ceux qui les ont créés. En politique, rien n'est terrible comme l'état de représailles permettant à un parti succédant à un autre, de dire :

— Et vous? Vous en avez fait bien plus encore!

N'est-il pas déplorable, en effet, de voir une majorité — quelle qu'elle soit — se demander, en matière de validation, si le député élu reviendra ou ne reviendra pas, et ne vaudrait-il pas mieux tout rattacher à un principe? La question serait ainsi simplifiée.

On connaît la théorie de M. Madier de Monjau s'écriant : Je n'ai pas à savoir si les opérations électorales ont été régulières ou non ; M. X... est boulangiste, je l'invalide parce qu'il est boulangiste. Je comprends cette théorie qui a au moins le mérite de la franchise. On l'aurait aussi comprise après le 16 Mai. Les 363, condamnant la candidature officielle, n'avaient qu'à invalider en bloc tous ceux qui avaient arboré l'affiche blanche. C'était plus franc, je le répète, c'était aussi plus loyal. *Væ victis!*

Mais, chercher dans un dossier un prétexte à invalidation, cela n'est pas digne d'un législateur qui ne doit pas être tout à la fois, juge et partie. Après la bataille, on n'a pas le sang-froid nécessaire et, de plus, on n'aime pas à oublier les siens.

Un parti, cela est indéniable, n'a pas le monopole de l'honnêteté électorale, et tout candidat fait ce qu'il peut pour sortir victorieux de l'urne. On ne saurait le blâmer, pourvu qu'il n'emploie pas certains moyens condamnés par tous. C'est pourquoi la vérification des pouvoirs devrait être confiée au conseil d'Etat qui examinerait avec calme et indépendance les résultats des élections. Cela serait préférable pour la Chambre elle-même qui n'aurait plus aucune responsabilité et, partant, les animosités, les haines, les divisions seraient moins grandes, moins profondes entre collègues appelés à vivre côte à côte pendant quatre ans.

On arrivera peut-être à cette amélioration ; nous ne serons pas des derniers à nous en réjouir.

Les conservateurs se sont plaints que le gouvernement fit de la candidature officielle. En vérité, c'était pousser la naïveté un peu loin. J'admets la candidature officielle, car il est impossible qu'un gouvernement ne marque pas ses préférences pendant une période électorale dont l'issue est pour lui une question d'existence. Pourquoi ne pas vouloir pour les autres ce qu'on veut pour soi ? Au 16 Mai, le ministère ne s'est point gêné pour appuyer ses amis et il est tout simple que M. Constans n'ait pas abandonné les siens en 1889. Seulement, M. Constans les soutient jusqu'au bout ! Et les conservateurs qui reprochent si amèrement la candidature officielle aux autres, la pratiquent, non seulement au pouvoir, mais encore dans le choix des candidats. Leurs congrès sont préparés, les délégués sont triés, les candidatures sont arrêtées par avance afin qu'aucune main profane ne vienne s'abattre sur les fiefs de famille. N'est-ce pas là la candidature officielle la plus éhontée qui se puisse voir ? Mais l'état-major, les dirigeants ne songent pas à la poutre qu'ils ont dans l'œil.

A dire le vrai, la logique n'est pas le lot de la Droite et ce n'est pas seulement quand il s'agit de la candidature officielle qu'on peut retourner contre elle les arguments qu'elle dirige si imprudemment entre les autres. Elle se blesse avec ses propres traits.

A-t-elle assez blâmé le cumul ? En cela, elle avait raison. Le cumul est une exception dont il faut à peine user. Aussi ne l'ai-je jamais approuvé. Consultez la Droite et demandez-lui s'il est possible d'être à la fois sénateur ou député à Paris et ambassadeur à Londres ou à Berne ! Hardiment, elle répondra : Non ! Demandez-lui maintenant, s'il est possible d'être à la fois député à Paris et évêque à Angers ! Elle vous répondra... Je ne me charge pas de sa réponse.

Pour avoir le droit de réprimer des abus, de détruire des exceptions, il ne faut pas réclamer pour soi des abus et des exceptions. C'est ainsi qu'on se *lie* et que des réformes promises ne s'accomplissent pas. Pour sauver un des siens, on laisse passer les autres. Jamais politique ne fut plus mauvaise. Chacun à sa place. Et si un droitier s'écrie :

De deux choses l'une : le Sénat et les ambassades sont utiles et alors, un seul homme ne peut occuper en même temps les deux emplois, ou bien, ils ne sont pas indispensables et, alors, on doit supprimer l'un ou l'autre — il ne faut pas qu'un adversaire riposte :

De deux choses l'une : un évêque est utile dans son diocèse ou il ne l'est pas ; s'il l'est, il ne peut être en même temps à Paris comme député... alors, supprimons l'évêque...

Le dilemme est embarrassant pour ceux qui aiment les exceptions. Qu'on fasse disparaître le cumul et tout embarras cessera.

Un jour, nous discutions cette question avec des confrères. Chacun émettait son avis. L'un d'eux, ami de la Droite, mais spirituel et sceptique, dit aussi son mot, celui de la fin, à propos des ambassades :

— Consultez M. de Larochefoucauld, il vous répondra : On peut bien supprimer les ambassades, elles ne servent à rien. Tenez, la preuve, c'est que j'ai été ambassadeur à Londres...

CHAPITRE V

Dans la Dordogne. — Importance numérique des orléanistes. — Leurs procédés pour faire croire à leur influence et s'imposer aux autres. — Élection du général Boulanger. — Élection Taillefer en remplacement du général Boulanger. — Le comte de Paris envoie 20.000 francs. — Il réclame le reliquat. — Toujours les procédés orléanistes. — M. Meilhodon candidat des royalistes et des curés. — M. Naquet. — Franchise et fluctuation d'un candidat prisonnier des orléanistes. — La démocratie doit abandonner les états-majors. — M. le comte de Paris et ses engagements civils et religieux.

Depuis longtemps — avant même les élections générales — j'avais songé à écrire sur les états-majors ce que je crois être la vérité et, depuis les élections, je voulais ajouter quelques souvenirs personnels sur le mouvement boulangiste que j'avais vu par un tout petit côté. La publication des *Coulisses boulangistes* a modifié mon plan. Il me répugnait d'avoir l'air, même de loin, de me faire délateur et de raconter certaines choses dont j'avais été témoin bien que les conseils et les collaborateurs les plus intimes du général Boulanger n'aient pas eu les mêmes scrupules, eux qui savaient tout. Il ne me plaît pas — encore — de suivre leur exemple. C'est pourquoi je me cantonnerai dans mon département, dans la Dordogne, ne voulant me servir que des faits qui fortifieront ma thèse. Par exemple, je soulèverai résolument le bandeau que les états-majors et les comités soi-disant revisionnistes avaient appliqué sur les yeux de la démocratie.

La Dordogne que les orléanistes considèrent comme acquise à leurs traditions n'est pas réactionnaire. Elle est libérale et de tempérament gouvernemental : sous l'Empire, elle votait avec le gouvernement. Elle n'est pas cléricale non plus, mais désire qu'on ne persécute pas la religion et que chacun soit à sa place. Elle est, en un mot, tranquille, et ne demande qu'à vaquer en paix à ses affaires.

Cet état d'esprit ne peut satisfaire les royalistes qui sont une quantité négligeable, mais ont la prétention de tout diriger. Ils sont une poignée de chefs sans soldats qui, à l'aide des troupes empruntées à la démocratie bonapartiste, ne font pas trop mauvaise figure devant le suffrage universel. Aussi abusent-ils d'un système dont le bon sens populaire aura bientôt fait justice. Et, véritablement, il est grand temps qu'ils se comptent, seuls, pour leur compte personnel, pour leur roi. Alors on verra combien peu de place ils occupent dans le peuple qui ne veut pas retourner en arrière.

Les orléanistes, dans la Dordogne, veulent

être tout : il faut qu'ils ne soient rien. Cependant, à les entendre, on ne peut se passer de leur concours. C'est ce qu'ils avaient réussi à faire croire à l'entourage du général, à M. Naquet, notamment.

Avant de raconter leurs agissements, voyons quelle est leur importance numérique.

En 1871, le 2 juillet, au scrutin de liste, il s'agissait de remplacer M. Thiers élu le 8 février précédent. Un candidat royaliste, M. de Nattes, ancien lieutenant-colonel des mobiles de la Dordogne, se présenta. Il pensait que là où le colonel avait passé, — M. de Chadois, colonel des mobiles, avait été élu le 8 février — le lieutenant-colonel passerait. Malgré son titre militaire, M. de Nattes n'obtint, dans tout le département, que 4,211 voix.

En 1888, le 8 avril, il y a une élection, au scrutin de liste. Les conservateurs n'osent pas présenter un candidat. Surgit alors la candidature du général Boulanger. Les orléanistes, qui ne pouvaient point songer à mettre un des leurs sur les rangs, ne voulaient pas du général. Alors, fidèles à une tactique qui leur est familière, ils inventent la candidature de M. Taillefer. Le scrutin a lieu. Les royalistes votent pour M. Taillefer qui obtient, comme M. de Nattes *dix-sept ans avant*, 4,457 voix. Dans ce chiffre il y avait certainement des suffrages bonapartistes

Les orléano-royalistes sont restés stationnaires : leurs prétentions seules ont augmenté. Ils ont cru — du moins ils l'affirment — avoir progressé, marché. Ils sont comme le voyageur qui s'installe dans un train et croit être parti, se dirigeant déjà vers son point d'arrivée, alors qu'il n'a pas bougé. C'est le train d'à côté qui marche ! — Les chiffres sont là et leur éloquente brutalité prouve que les tenants du comte de Paris sont toujours en gare.

La manœuvre tentée au 8 avril 1888 fut renouvelée quand il fallut remplacer le général Boulanger. Ne pouvant rien par eux-mêmes, les orléanistes agissent sournoisement et trompent une fois de plus leurs alliés bonapartistes qui ont la naïveté de toujours se laisser faire.

Une élection devait avoir lieu le 22 juillet 1888. Battus en 1885 — leur liste avait été aussitôt sa naissance, baptisée : *la liste des nobles* — les conservateurs n'avaient pas affronté la lutte au mois d'avril, mais ils espéraient, cette fois, passer après le général. La chose paraissant facile, ils devenaient crânes. Peu leur importait de vaincre sans péril.

Le comité central bonapartiste de Paris et le Prince Victor appuyaient le général du Barail à qui la candidature avait été offerte. Cela déplaisait fort aux orléanistes qui craignaient, qu'une fois député, le général du Barail ne devînt tête de liste en 1889 et composât la liste à sa guise. Comment parer le coup? Ils ne furent pas longtemps embarrassés.

— Nous ne pouvons présenter un candidat à nous qui serait honteusement battu, se dirent-ils, mais nous pouvons tourner la difficulté. Trouvons un candidat qui soit tout disposé à accepter le comte de Paris, le moment venu, et qui ait l'étiquette bonapartiste. S'il est élu, ce sera un ami de demain ; s'il est battu, c'est le parti bonapartiste qui supportera les conséquences de la défaite.

M. Thirion-Montauban fut choisi par le comité revisionniste de la Dordogne, composé d'orléanistes et d'impérialistes solutionnistes. Il accepta. Fut-il dupe ou complice? J'aime à croire qu'il ne fut que dupe.

Alors commencèrent les pourparlers entre les comités plus ou moins centraux et directeurs de Paris. Il y eut des résistances. M. Thiron-Montauban retirerait sa candidature si le général du Barail retirait la sienne et M. Taillefer serait candidat. On prenait en même temps l'engagement d'admettre le général du Barail sur la liste de la Dordogne lors des élections générales. Le comité central bonapartiste capitula. Il ne fallait pas mécontenter les orléanistes ! Et le Prince Victor abandonna le général du Barail, son représentant, qui était aussi le président du comité central !

Le tour était joué et M. Taillefer candidat. La tactique avait réussi. On évitait le général du Barail dont l'élection eût porté un coup fatal à l'apparente influence des orléanistes. Ils exultèrent. Il y avait néanmoins un point noir dans leur joie. M. Taillefer avait mollement protesté contre l' « abus » que ces bons apôtres avaient fait de son nom au mois d'avril, mais il protestait énergiquement contre les charges d'une candidature qu'il acceptait. Cela coûterait cher ; il donnait son nom. C'était tout. Ce n'était pas suffisant pour aller à la bataille. Il fallait le nerf de la guerre. On le trouva.

Le comte de Paris envoya une vingtaine de mille francs.

C'était là un sacrifice qui liait M. Taillefer et assurait sa reconnaissance. Il fut élu. Les orléanistes avaient payé les violons, bien certains de faire danser les bonapartistes.

Je ne sais si le comte de Paris avait prélevé ces vingt mille francs sur sa cassette particulière ou sur celle d'une duchesse quelconque, mais on peut, on doit même supposer qu'il avait tiré les vingt billets de sa poche, car il en surveilla l'emploi avec la sollicitude d'un bon père de famille.

Il y eut un reliquat de plus de deux mille francs,

pas de trois, que le comte de Paris fit réclamer avant les élections générales de 1889. Ce d'Orléans ne perdait pas le nord.

Quelle réponse fut faite à cette généreuse demande que le lecteur aura tout de suite qualifiée? Je l'ignore, mais on aurait pu répondre laconiquement, avec tous les égards dus à un bailleur de fonds aussi méticuleux : Zut! ou bien écrire :

— Vous réclamez, monsieur le comte de Paris, un reliquat resté disponible. Cette délicate réclamation nous prouve que les traditions de votre famille ne tomberont pas dans l'oubli ; elle nous indique avec quelle économie désintéressée vous administrerez la France le jour où le trône d'Orléans sera restauré par la reconnaissance populaire. Cependant, il nous est impossible de vous faire tenir le reliquat tout entier. Le Prince Victor, qui ne réclame rien, a envoyé cinq mille francs pour l'élection de M. Taillefer et il est simplement équitable de faire une répartition proportionnelle. Vous reconnaîtrez, monsieur le comte de Paris, la justesse de notre observation vous qui aimez les comptes justes. Certes, M. Taillefer vous appartient, pour quatre cinquièmes, mais il serait malséant de vous attribuer l'autre cinquième quand personne n'ignore qu'au point de vue électoral, dans la Dordogne, c'est la répartition inverse qu'il faudrait opérer !

Bref, M. Taillefer fut élu. Son élection ne lui coûtait que le sacrifice de son amour-propre !

Les orléanistes avaient procédé de la sorte en 1885 ; ils continuaient en 1888. Ce système leur réussissait et ils n'avaient pas à se gêner. Sans troupes, sans racine dans le pays, les chefs entraient à la Chambre, en 1885, en plus grand nombre que les bonapartistes. En 1889, ce devait être le couronnement définitif de leurs efforts. Du reste, le comité Central bonapartiste était bon garçon et ne s'opposait que pour la forme à leurs empiétements. Il discutait, oh ! fort peu, et cédait, pourvu qu'on ne touchât pas aux candidatures de ses grands pontifes.

Jamais, en effet, dans ce solennel concile, on ne songea à prendre la défense des petits, de ceux qui, arrivant par eux-mêmes à la vie politique, ne demandaient qu'une chose, qu'on les laissât seuls se débrouiller avec le suffrage universel. Et, désormais tranquilles et assurés de leurs sièges — ils le croyaient — grâce à leur entente avec les orléanistes qui menaçaient de couper les vivres si on les gênait dans leurs opérations, les états-majors impérialistes solutionnistes fournissaient des troupes à leurs alliés qui n'en avaient pas. Ils abdiquaient et trahissaient, pourvu qu'on payât leur élection.

Les *Coulisses boulangistes* ne laissent aucun doute à cet égard.

Dès lors, la direction électorale appartenait aux orléanistes. Ils en abusèrent.

Mery a dit qu'on ne parlait jamais mieux des choses que lorsqu'on ne les connaissait pas. Je ne partage pas l'avis de ce romancier. Aussi bien raconterai-je ce qui m'est personnel dans la Dordogne; de cette façon, les rectifications seront impossibles.

Comme beaucoup d'autres, j'ai voulu être candidat à la députation. Ne me réclamant ni de l'aristocratie du nom, ni de l'aristocratie de l'argent, je pensais qu'en notre siècle de démocratie, j'avais le droit de briguer les suffrages de mes concitoyens. Mais je comptais sans les coteries dont je n'avais jamais voulu subir la loi. N'étant pas orléaniste, je n'avais pas eu l'idée d'aller quémander l'estampille et faire ma soumission au comte de Paris. Ma conduite était étrange et on ne la comprenait pas, puisque tous les autres en passaient par là !

Cependant, mon arrondissement était rebelle aux menées réactionnaires et orléanistes. On le savait. Les partisans du comte de Paris ne pensèrent pas un seul instant à présenter un des leurs; ils ne pensèrent pas davantage à s'opposer ouvertement à ma candidature. J'étais le champion de la démocratie bonapartiste, des bleus; je ne craignais pas de m'expliquer en public; j'étais un gêneur qui ne prendrait jamais son mot d'ordre auprès du comte de Paris et de ses amis. Mon indépendance était une mauvaise recommandation. A tout prix, il fallait m'éviter. Comment faire? Ce fut simple comme bonjour. On avait bien évité le général du Barail, on écarterait, par le même procédé, M. Ernest Gay.

Alors, en sous main, on offrit la candidature à M. Meilhodon qui l'avait refusée plusieurs fois quand je la lui offrais, mais qui se prêta à la combinaison. Oh! à l'entendre, il ne voulait pas être candidat, mais il se laisserait faire et accepterait si un congrès le désignait. On sait ce que cela veut dire. Et avec la franchise des orléanistes dont il devenait le prisonnier, M. Meilhodon écrivait à certains délégués, connus d'avance, qu'il comptait sur eux.

M. Meilhodon était riche, tous ses titres à la députation étaient en portefeuille. De plus, il était conseiller général. C'était quelque chose; ce n'était pas suffisant, car il avait été élu, péniblement, avec 126 voix de majorité quand son canton donnait, le 8 avril 1888, au général Boulanger, 905 voix de majorité, et le 22 juillet suivant, à M. Taillefer, 822 voix. La comparaison était instructive, mais importait peu puisque le conseiller général devenait l'homme des orléanistes. Associé à eux, il prit leurs habitudes, s'il ne les avait déjà.

Une entrevue s'imposait entre nous. Je voulais voir en face cet homme qui avait refusé la candidature, qui l'acceptait ensuite et faisait le jeu des pires ennemis des idées qu'il était censé représenter. Cette entrevue eut lieu le 1er mai 1888, devant témoins.

— Les royalistes et les curés ne voteront pas pour vous, dit M. Meilhodon.

— Alors vous êtes royaliste, vous?

Il balbutia et répéta qu'il n'était pas candidat et ne poserait pas sa candidature, mais qu'il accepterait d'être candidat si le congrès le désignait. Toujours le même manque de franchise.

Cette situation n'était plus douteuse. On me faisait un procès de tendance parce que j'étais nettement anti-orléaniste et parce que je n'étais pas clérical. Vers la fin de mai, dans les couloirs de la Chambre, M. Taillefer me tint le même propos. Les royalistes et les curés ne voteraient pas pour moi et M. Meilhodon était leur homme. Je proposai, pour trancher la difficulté, de nous en rapporter au suffrage universel lui-même et de faire cinq grandes réunions, une dans chaque canton. Nous nous expliquerions en public, nous développerions notre programme, et je m'engageais à retirer ma candidature si, dans trois réunions, la majorité se prononçait contre moi. Tout naturellement, ma proposition fut refusée : elle était trop loyale. Cela ne faisait pas l'affaire de M. Meilhodon qui ne parle pas, disent les méchants, de peur d'user sa langue.

Le 31 mai, je me rendis le matin chez M. Naquet à qui je n'avais, jusqu'alors, jamais adressé la parole. Il s'occupait, m'avait-on dit, des élections et je voulais avoir une explication catégorique.

— Vous n'avez aucune chance, me dit-il ?

— Qui vous a dit cela ?

— M. Auffray !

Je me levai d'un trait :

— Puisque vos renseignements vous sont fournis, monsieur Naquet, m'écriai-je, par le secrétaire du comité du comte de Paris, je n'ai plus rien à faire ici.

M. Naquet me retint. On verrait. Il ne fallait rien brusquer. J'avais contre moi les députés en exercice et les anciens députés. Pour un peu plus, l'apôtre du divorce m'eût reproché de n'être pas clérical ! Il n'osa pas aller jusque-là. Le succès lui tenait à cœur et chacun devait se dévouer. En prenant congé de lui, je lui déclarai que la façon dont on procédait menait droit à la défaite, parce que le peuple ne voulait pas de la réaction et n'accepterait pas la direction des orléanistes. Il sourit en sphinx et m'invita à la patience.

J'avais dit nettement ma façon de penser et je

n'étais pas assez naïf pour ne pas m'apercevoir que cela déplaisait.

Le lendemain, je rencontrai M. Naquet sur le boulevard.

— Eh bien? fit-il.

— Eh bien, mes intentions sont les mêmes.

— Causons.

Mes déclarations ne furent pas moins catégoriques que la veille. Je les accentuai davantage encore.

— Je ne me pique pas d'être prophète, monsieur Naquet, et je ne suis pas assez au courant de ce que vous faites, mais mon bon sens me dit que vous courez à une catastrophe. Les orléanistes dirigent tout; ils veulent arriver en majorité dans la nouvelle majorité et faire prisonniers, tout à la fois, le général Boulanger et les bonapartistes. On échouera, mais si on réussissait, souvenez-vous de ce que je vous déclare aujourd'hui : nous, démocrates de bonne foi, nous n'hésiterons pas une minute à faire cause commune avec les républicains au pouvoir pour sauver la démocratie contre le coup que tenteraient les orléanistes !

M. Naquet me fixa. Je continuai :

— Je suis le général parce que son programme est le mien depuis longtemps. Je veux la république ouverte. Avec lui, c'est une transition, un pont, pour rompre avec les états-majors, les laisser de côté, et si nous rompons avec eux, ce n'est pas pour nous soumettre aux états-majors orléanistes, le général voulût-il nous les imposer !

— Eh bien, marchez, ajouta M. Naquet.

Notre entretien était terminé. Il avait eu lieu en plein air. Autant en emporta le vent. M. Naquet trompait déjà les démocrates qui, sans arrière-pensée, souhaitaient l'apaisement dans la république ouverte.

M. Naquet venait souvent dans les réunions des comités démocratiques de la Seine. Il parlait si bien, avait l'air de si bonne foi, nous recommandait tant de nous méfier des orléanistes qui nous avaient trompés en 1885, qu'on se laissait aller à croire à sa parole. Au contact des orléanistes, M. Naquet s'orléanisait : comme eux, il nous trompait et ce n'est pas ce qu'il écrit maintenant qui changera rien à notre manière de voir. Comment croire, en effet, à la parole d'un homme qui reproche au général Boulanger d'avoir fui et qui a couvert cette fuite par la lettre que l'on sait ?

Au lieu de fournir des renseignements à M. Mermeix, monsieur Naquet, après la débâcle ; au lieu de reprocher une fuite que, pour le public, vous aviez conseillée, encouragée, il valait mieux, quand il en était temps encore, ne pas vous associer aux orléanistes pour exploiter la démocratie ; il valait mieux prendre pour vous les conseils patriotiques que vous donniez aux autres afin de calmer leurs inquiétudes, et plutôt que de nous livrer, vous deviez crier casse-cou. Vos relations avec M. Auffray, représentant du comte de Paris, rendent vaines toutes vos dénégations !

Quand le congrès se réunit à Périgueux, il était composé de délégués triés sur le volet. Tous devaient voter pour M. Meilhodon choisi d'avance comme candidat. On avait même émis la prétention de ne pas me convoquer.

Devant le congrès, présidé par M. Meilhodon lui-même, je m'expliquai sans ambage, mais le siège était fait et tout ce que j'aurais pu dire eût été bien inutile. Seulement, j'avais la satisfaction de prouver de quel côté était la bonne foi. On grogna, mais le candidat du congrès était tellement insuffisant, qu'on me supplia de le défendre. Pour me faciliter cette tâche et aussi ne pas user sa langue, M. Meilhodon déclara que mon programme était le sien. Il s'en tirait avec une demi-phrase, sans lire.

Il était candidat. Il se sacrifiait pour le bonheur de la France et, plus encore, pour la réussite des combinaisons orléanistes. Sa joie était sans bornes.

Deux journaux conservateurs, mais avec des tendances opposées, existaient à cette époque.

L'Indépendant de la Dordogne avait été le pivot de la candidature Meilhodon, comme il avait été le mandataire du comité républicain national pour la distribution de certains fonds : il était solutionniste. *L'Echo de la Dordogne* était bonapartiste démocrate, et préconisait sans arrière-pensée la république ouverte : il était anti-orléaniste. Il fallait le ménager. A l'issue du congrès, la note suivante lui avait été apportée :

« Hier, à midi, dans une salle de l'hôtel Mataguerre, « à Périgueux, les délégués composant le congrès « revisionniste de la 2e circonscription de Périgueux, « se sont réunis, à l'effet de désigner leur candidat.

« Ce congrès était formé des conseillers généraux, « des conseillers d'arrondissement et de toutes les « notabilités du parti revisionniste de la circonscrip- « tion.

« Après avoir entendu les explications fournies par « *divers candidats*, on a procédé au scrutin. Sur 143 « délégués présents, 133 ont désigné comme candidat « à la députation M. Meilhodon, conseiller général de « Savignac-les-Eglises.

« Avant le vote, sur la demande unanime des dé- « légués, les *candidats présents* avaient pris l'enga- « gement formel, non seulement de s'incliner devant « la décision du Congrès, mais de travailler de *toutes* « *leurs forces* à la faire prévaloir devant le corps élec- « toral.

« De leur côté, tous les délégués présents avaient « pris le même engagement.

Cette note, mensongère en plus d'un point, n'avait pas été rédigée par M. Meilhodon — jamais personne ne l'accusera de cela ! — mais elle fut apportée par lui à l'*Echo de la Dordogne* qui faisait des réserves. L'*Indépendant de la Dordogne* n'en faisait aucune. L'hypocrisie et l'astuce qui avaient présidé à la préparation de sa candidature, florissaient encore après le vote du congrès. On engageait sur toute la ligne ceux qui n'avaient contracté aucun engagement. On mentait, espérant qu'il en resterait toujours quelque chose. La note disant que *divers candidats* avaient fourni des explications ; que les *candidats présents* avaient pris l'engagement formel de travailler de toutes leurs forces pour M. Meilhodon, je protestai par une lettre publique, car, au congrès, *moi seul* avais pris la parole.

On avait un candidat, mais chacun paraissait inquiet et... confus de son choix. On voulait le succès et nul ne s'illusionnait, ce candidat étant incapable de se présenter devant les électeurs. de leur inspirer confiance, de développer son programme, d'expliquer les idées... des autres. Autant on avait voulu se passer de moi, autant on me cajolait, autant on me choyait, maintenant. J'étais un grand homme, un grand orateur. Mon concours était indispensable pour faire élire le personnage considérable imposé au congrès par la coterie orléaniste ; sa modestie l'empêchait de se faire valoir lui-même devant le corps électoral. On comptait sur moi pour cela. J'étais jeune et mon heure viendrait... On se ruinait en promesses. Les plus généreux pensaient, quand ils seraient au pouvoir, à m'offrir la sous-préfecture de Savignac-les-Eglises, quand elle serait créée...

Tout cela me laissait froid et la note, volontairement erronée, publiée par les journaux, me disposait peu à la complaisance. Comme Achille, je rentrai sous ma tente. On vint m'y chercher. Un mandataire de M. Meilhodon me fit lever un matin, dès l'aube, pour me communiquer des propositions.

Qu'est-ce que je risquais ? Cela ne m'engageait à rien. On voulait me fournir une occasion de me faire connaître. Plus tard, cela me servirait. Je résistai, puis acceptai une entrevue. Quelques jours après, je recevais une lettre de M. Meilhodon. L'astuce et l'hypocrisie y tenaient la première place.

— X... m'écrit que vous sollicitez une entrevue, disait la missive, je suis tout disposé à vous l'accorder...

Les rôles étaient singulièrement changés. Je ne répondis pas. M. X... fit part de mon étonnement et je reçus une autre lettre.

— Puisque ce n'est pas vous qui sollicitez une entrevue, c'est moi qui la sollicite...

Les rôles changeaient de nouveau.

M. Meilhodon prenait tout mon programme et je défendis, devant les électeurs, mon programme beaucoup plus que mon candidat, qui fut élu et se crut un grand homme. A la Chambre, il ne doutait pas de sa validation. On n'oserait pas se passer de lui. Arriva la vérification des pouvoirs. Il n'eut pas un mot pour me défendre. Il fut invalidé.

Cet homme n'avait aucune aptitude pour la vie politique. On lui conseilla de ne plus se présenter. En même temps qu'il m'écrivait une lettre dans laquelle il m'offrait la candidature, il apportait au *Journal de la Dordogne* une lettre de remerciements à ses électeurs. Mais des orléanistes se trouvèrent sur son chemin. Quoi ! Lui qui faisait si bien leur affaire, qui s'était présenté comme revisionniste et ne votait pas la revision, qui s'était présenté comme candidat du parti national et ne votait pas la validation du général Boulanger, il allait les abandonner et laisser la place libre à un indépendant qui reprenait, en mai 1890, le programme de septembre 1889 ? Tout était perdu. Pourquoi se retirer ? Il serait réélu avec 1,500 voix de majorité, aisément. Il se laissa faire, retrancha de sa lettre de remerciements le passage constatant son désistement et garda dans sa poche la lettre qui m'était destinée. L'économie d'un timbre-poste lui coûta cher !

Le tour était joué une fois de plus et le raisonnement cher aux orléanistes trouvait sa pleine application. Victorieux, M. Meilhodon ne ferait pas d'opposition au comte de Paris, MM. de Fourtou et Maréchal étant ses guides ; vaincu, c'était le parti bonapartiste qui était battu.

Livré à ses propres forces et soutenu par les orléanistes qui lui promettaient un minimum de 1.200 voix de majorité, M. Meilhodon échoua piteusement. La majorité promise se changea en minorité !

Je sais bien qu'on me rend responsable de cet échec. J'en revendique toute la responsabilité. En soutenant la candidature de M. Meilhodon, j'avais défendu un programme et non un homme. Le programme était défendable ; l'homme ne l'était pas, de l'aveu même de ses plus chauds partisans. Puis, à la Chambre, il avait trahi ses engagements et son programme : je lui tournai le dos et posai ma candidature dans le seul but d'éclairer les électeurs sur les mérites d'un candidat qui n'était même pas capable de savoir voter.

— Vous avez tort de vous présenter, me disait le curé de S.-R., attendez la mort de M. Meilhodon.

Les électeurs se sont faits Providence pour exaucer le vœu charitable du curé de S.-R., M. Meilhodon est bien mort pour eux.

Le *Journal de la Dordogne*, qui patronnait M. Meilhodon, écrivait le lendemain du scrutin :

« Malgré les apparences, le vainqueur de la jour-
« née n'est pas M. Chavoix, c'est M. Gay.

« Il ne recueille, il est vrai, pour lui-même, qu'un
« chiffre infime de suffrages, sans doute parce qu'il
« est voué à l'éternel *sic vos non nobis*. Mais la cam-
« pagne qu'il a menée contre l'honorable M. Meilho-
« don a porté ses fruits. Les électeurs se sont dit
« qu'il devait bien connaître ce candidat, puisque
« c'est lui qui le défendait au mois de septembre der-
« nier, et, tout naturellement, ils l'ont cru mainte-
« nant qu'il le dénigrait. »

On a souvent médit du suffrage universel Certes, il n'est pas parfait ; mais, en la circonstance, il a fait preuve de bon sens en repoussant un candidat qui prenait encore, après ne pas l'avoir votée, le faux nez de la revision et trahissait la démocratie bonapartiste en se faisant le complaisant des orléanistes.

L'élection du 4 mai est un avertissement pour ceux qui ne veulent pas reconnaître les progrès accomplis : elle est une leçon pour ceux qui ne veulent pas retourner en arrière et se laisser berner plus longtemps par une coterie.

La démocratie s'est reprise ; elle ne se laissera pas reprendre.

Ce qu'on a fait en Dordogne a été fait dans tous les autres départements. *Ab uno disce omnes.* Le loup orléaniste revêt, selon l'occurrence, le manteau de la tradition, dit M. G. Veran, un royaliste pur. Il a raison. Les orléanistes voulaient tout accaparer ; ils ont dépassé la mesure. Aussi bien, les derniers événements seront-ils pour nous un enseignement inoubliable.

Et maintenant, qu'on crie, dans la Dordogne, ou qu'on fasse la conspiration du silence autour de ce chapitre — à compléter si cela devient nécessaire, — la chose importe peu. J'ai accompli un devoir : ceux qui aiment véritablement le peuple me sauront gré d'avoir mis en garde les électeurs contre les agissements et les prétentions orléanistes. Au suffrage universel de faire le reste.

Livrés à eux-mêmes, les orléanistes sont impuissants et leurs engagements, au point de vue électoral, ont tout juste la même valeur que leurs engagements civils ou religieux.

Durant la dernière période électorale — août et septembre 1889 — ceux-là même qui s'étaient laissé imposer par eux un candidat, leur disaient de ne pas se montrer dans les réunions afin de ne pas effrayer la démocratie conservatrice qui eût aisément tourné le dos. Et qu'on ne croie pas que ce soit un allégation en l'air! C'est la vérité pure. Sans vouloir citer des noms — ce qui serait facile, — je dirai qu'on priait de rester chez eux, de ne pas se montrer dans les réunions ou avec le candidat, des orléano-royalistes qui avaient été candidats au conseil général dans le canton même où leur vue, seule, devenait nuisible !

Voilà leur puissance électorale !

Ecoutez, maintenant, un journaliste de grand talent à l'honnêteté duquel on ne saurait trop rendre justice, M. Henry des Houx, parlant au comte de Paris :

Ah ! vous ne voulez pas du drapeau blanc ? Vous préférez l'emblème de la monarchie de Juillet ? Alors quelle comédie a-t-on jouée à Frohsdorf en 1873 ? Qu'a-t-on été chercher en 1883 au chevet du roi agonisant ? Par quelles manœuvres a-t-on réussi à capter la confiance de beaucoup de légitimistes ? Tout n'était donc que mensonge dans ces démonstrations, tout, jusqu'au nom de Philippe VII, qui ne va pas sans le drapeau blanc.

Peut-on se jouer ainsi d'engagements solennels pris devant celui qui n'est plus, comme devant les fidélités qui lui survivent ? Et si ces fidélités se prêtent à ce jeu, tristes fidélités ! Mais quoi ? On en agit avec le droit monarchique comme avec le bon Dieu. On en prend et on en laisse. On souscrit la somme de 19,801 fr. 43 centimes pour faire la restauration de l'église d'Eu. Puis, quand on n'est plus là pour recueillir le bénéfice politique de la pieuse donation, on la révoque. On mettait Dieu dans ses intérêts ; l'intérêt disparu, on remet l'argent en poche. On traitait Dieu comme un fonctionnaire bon à se laisser corrompre par la Caisse noire. Le moment ne paraît pas favorable, on ferme la caisse. Pourtant la vente du chenil suffisait presque à payer la dette contractée envers l'église d'Eu.

La vente du chenil eût été plus productive si la loi d'exil n'en avait pas chassé le plus chien !

Comment s'étonner que le comte de Paris ait réclamé le reliquat resté disponible sur l'argent versé pour l'élection Taillefer ? La lettre suivante se passera de tout commentaire :

ADMINISTRATION
DU COMTE DE PARIS
—
Domaine d'Eu.

Eu, le 4 août 1886.

Monsieur,

Par suite de la loi d'exil qui le frappe, Monseigneur le comte de Paris se trouve dans l'impossibilité absolue de jouir des biens qu'il possède ou a loués en France

Cette circonstance, tout à fait de force majeure, me met dans la nécessité de vous demander la résiliation de votre bail, en date du 1er octobre 1883, pour la chasse de vos terres situées sur la commune de Criel. J'espère que vous voudrez bien donner votre consentement à ma proposition et vous prie de me répondre.

Notre bail a été fait moyennant la somme totale de 56 fr. et expire le 1er octobre 1893.

Agréez, monsieur, l'assurance de ma parfaite considération.

L'administrateur du domaine d'Eu,
GILLIOT.

Sept années à raison de 5 fr. 60 l'une, cela fait 39 fr. 20 que le comte de Paris vient mendier !

Il ne reste donc plus rien des millions partagés avec les Prussiens ?

Et voilà le prétendant dont la démocratie bonapartiste a fait le jeu !

On ne commettra plus cette criminelle sottise dans notre beau département.

CHAPITRE VI

Les indications du suffrage universel ne sont pas douteuses. — Les droits et le ministère Rouvier. — Il faut s'occuper des petits et des paysans. — Les fonctionnaires. — Ceux qui crie le plus contre la République l'ont servie. — Le cardinal Lavigerie et la presse. — Infaillibilité de M. Paul de Cassagnac. — La démocratie ne doit plus se laisser exploiter.

Avec Raoul Duval, avec Gambetta, avec le général Boulanger nous voulions la République ouverte ; nous la voulons encore après les élections générales de 1889 dont les indications ne sauraient être plus longtemps méconnues. Et c'est là ce qui distingue des états-majors qui voulaient dénaturer le mouvement dont ils profitaient, ceux qui, partisans du suffrage universel et de la souveraineté nationale, ne demandaient qu'à consulter le peuple pour s'incliner devant son verdict. Et si M. Constans qui prononça en juin dernier, à Périgueux, le discours dont j'ai donné un extrait, veut me donner ce que j'attendais des autres, je suis avec M. Constans.

N'est-ce pas là une attitude plus nette, plus digne, plus loyale, plus correcte, que celle de la Droite s'alliant hypocritement avec le ministère Rouvier dans un but qu'elle n'osa jamais avouer ? Ce qu'on apprit de cette combinaison savante, c'est que la Droite était liée comme elle était liée après les élections de septembre 1889. C'est son lot d'être toujours liée sans qu'on en puisse jamais apercevoir les avantages. M. Paul de Cassagnac lui-même, le grand promoteur de cette liaison, n'en montra jamais les bénéfices. Dans un moment de mauvaise humeur, il se contenta d'écrire que M. Rouvier leur avait vendu la République. A quel prix ? Il ne le dit jamais, et on se demande pourquoi la Droite ne prit pas livraison de la République que la monarchie d'Orléans pouvait remplacer si avantageusement. Sans aucun doute le comte de Paris ne voulut pas délier les cordons de sa bourse et le duc de la Rochefoucauld ne put lui venir en aide, ayant dépensé trop d'argent pour se déguiser en Japonais.

Ah ! si, à cette époque, le comte de Paris avait cru la duchesse d'Uzès susceptible d'un sacrifice de plusieurs millions, comme il eût puisé dans son escarcelle pour faire rétablir la monarchie par une femme, absolument comme si la loi salique n'existait pas pour lui !

Sortie victorieuse de la plus redoutable épreuve qu'elle ait eue à traverser, jamais la République n'aura une occasion plus belle d'amener à elle la génération qui ne doit rien aux régimes passés et qui ne reste pas sourde aux conseils du suffrage universel. Et quelle belle page elle peut inscrire sur le livre d'or de la France en inaugurant, après sa victoire, une politique de paix et de réconciliation !

Le programme de la réconciliation nationale est assez vaste pour que le concours de tous les hommes de bonne volonté ne soit pas inutile. C'est alors qu'il sera facile d'aborder résolument les questions soulevées dans les cahiers électoraux, de les classer, de leur donner en quelque sorte, un numéro d'ordre, et de s'occuper des réformes possibles, au lieu de tout mettre en discussion, de subir la pression de l'opinion égarée, et de faire des lois qu'on sait n'être pas durables.

Certes, beaucoup d'erreurs ont été commises — qui n'en commet pas — et il y aurait plus de courage à les avouer qu'à persévérer dans une voie mauvaise. Souvent, on a fait trop à la fois et trop vite — cela vaut encore mieux que de ne rien faire du tout — et il serait préférable d'enrayer, d'enserrer, dans les bornes d'un budget dont l'élasticité a des limites, des réformes qui ne sont pas réalisables de longtemps encore.

Est-ce que la Chambre n'a pas de quoi occuper la présente législature en discutant des projets dont la masse réclame impérieusement la réalisation ?

Est-ce que les petits ne verraient pas avec satisfaction diminuer les frais et les lenteurs de la justice ?

Est-ce que la distraction des dettes pour le paiement des frais de succession ne serait pas une mesure bien vue ?

Est-ce que les fonctionnaires subalternes ne devraient pas voir s'augmenter leurs maigres appointements alors que les gros bonnets sont, le plus souvent, beaucoup trop payés ? Ils consentiraient volontiers à travailler davantage à la condition d'être mieux payés.

Est-ce que les ouvriers des champs ne sont pas aussi intéressants que les ouvriers des villes ? Et pourquoi, au Palais-Bourbon, s'occupe-t-on si peu des uns quand on s'occupe peut-être trop des autres ?

Vouloir réglementer le travail dans les ateliers, c'est là, à coup sûr, une intention qui part d'un bon naturel — bien que je me méfie du bon naturel de Guillaume II sur cette question — mais la liberté serait encore préférable, alors, surtout, qu'il n'est venu à l'idée d'aucun député de réglementer le travail des champs, de certaines catégories d'employés et de fonctionnaires qui travaillent beaucoup plus que certains corps de métier, sans être aussi payés.

La question sociale existe et existera toujours,

mais il ne faut pas essayer de la trancher pour le plus grand avantage de quelques-uns.

Est-ce que le dégrèvement de l'impôt foncier ne mérite pas l'attention d'un parlement chargé de mener à bonne fin une réforme commencée, inscrite dans beaucoup de programmes et nécessaire, indispensable, si l'on veut que le propriétaire, que le cultivateur puissent payer leurs impôts ?

Est-ce que la réforme administrative ne s'impose pas ?

Il y a là des centaines de millions à économiser, cela est certain, mais cette réforme ne sera jamais franchement abordée tant que la forme gouvernementale sera discutée et mise en cause par un corps électoral divisé en deux parties à peu près égales. Et comme cette réforme produirait presque autant de mécontentement que de millions, on n'ose pas toucher à un rouage sacro-saint.

L'administration, en France, n'a fait aucun progrès. Elle continue à se traîner dans les errements du passé et il faudra un courage réel à l'homme qui, résolument, mettra la main à l'œuvre et portera le fer rouge dans la plaie. C'est que les bureaux sont tout-puissants ou se croient tels à cause de la fréquence des crises ministérielles qui les débarrasse d'un ministre réformateur. Et c'est toujours à recommencer, car les résistances sont grandes. Cela me rappelle un mot d'un amiral s'écriant, à propos d'une modification apportée dans la marine :

— Quoi ! on ose donc toucher à Colbert !

Toute la question est là, doublée du mécontentement qui naîtrait parmi ceux qui seraient atteints. Et la minorité qui réclame à grands cris des économies et encore des économies, ne manquerait pas d'augmenter encore ce mécontentement.

Aussi bien faut-il passer outre et ne voir qu'un intérêt supérieur à l'intérêt et à l'existence des coteries. Et les fonctionnaires, plus tranquilles, désormais, ne seraient pas les derniers à reconnaître l'excellence d'une mesure qui les mettraient à l'abri des fluctuations politiques.

Ce n'est pas à dire, pour cela, que la réforme administrative accomplie, le gouvernement, quel qu'il soit, ne doive pas avoir la haute main sur son personnel. Même avec l'exagération chère aux partis, personne ne peut raisonnablement soutenir que les fonctionnaires ne soient pas tenus à une grande correction.

Je ne partage pas l'avis de ceux qui prétendent qu'un fonctionnaire est la chose du gouvernement qui les paie. C'est là un raisonnement excessif et dangereux, et ceux qui le tiennent n'auraient pas été les derniers à l'abandonner et à le condamner, si la coalition avait triomphé en septembre et l'avait fait sien. En toute chose, il faut savoir garder une sage mesure.

Quant à moi, j'ai une théorie que je crois bonne, autrement je la mettrais tout de suite au rancart.

Un fonctionnaire ne doit pas être rendu responsable de son origine. Quand il entre dans l'administration il n'a qu'un but : remplir honnêtement et correctement les charges de son emploi.

Le gouvernement sous lequel il est entré dans l'administration, vient-il à changer? Il a devant lui, deux solutions : rester ou s'en aller.

S'il reste, le nouveau gouvernement n'a pas le droit de faire un procès de tendance, un procès d'origine, à un employé qui n'est qu'employé et accomplit exactement et loyalement son devoir, sans se mêler, ni de près ni de loin, à la politique militante.

Cet employé est-il paisible, est-il honnête, ses chefs sont-ils satisfaits de son service ? Laissez-le tranquille, d'où qu'il vienne.

Mais il doit être correct.

Si, au lieu de cette correction qui fait aimer le fonctionnaire, il se livre à des manifestations extérieures et hostiles au gouvernement, le gouvernement a un droit et un devoir : révoquer dans les vingt-quatre heures un employé qui a voulu lui-même sa révocation et aurait mauvaise grâce de se plaindre.

Donc, pas de procès de tendance et d'origine, mais correction parfaite. Dès lors, tous les droits acquis sont respectés.

Est-ce qu'il n'est pas plus digne pour un fonctionnaire de donner sa démission s'il ne veut pas servir un gouvernement ? Celui-là emporte avec lui l'estime de tout le monde : il n'a pas capitulé.

Mais ceux qui servent un gouvernement qu'en dessous ils s'efforcent de détruire ; ceux qui attendent de crier contre le gouvernement qu'ils servaient, d'avoir été révoqués par lui, ceux-là n'ont que ce qu'ils méritent et on ne saurait avoir pour eux aucune considération. Leurs jérémiades, leurs fureurs contre la République sont sans portée et dénotent une certaine inconscience, puisqu'ils occuperaient encore une place si cette même République avait voulu les laisser en fonctions.

Un fonctionnaire sert son pays, cela est vrai, mais sous un directeur qui a le droit d'apprécier ses services et sa conduite.

Il faut vouloir pour les autres ce que l'on voudrait pour soi, si l'on était au pouvoir. J'imagine qu'avec cette théorie, les brebis seraient bien gardées.

Loin de moi la prétention de tracer un programme. C'est là un soin qui ne m'incombe pas. Puis, il faudrait élargir le cadre de ce modeste travail, car les questions à traiter seraient nombreuses et comporteraient de trop long développements, mais je souhaite ardemment qu'on puisse travailler en paix. Et jamais situation ne fut plus favorable. Ce qui se passe dans le clergé français en est une preuve irréfutable.

Le cardinal Lavigerie, dans des lettres qui ont soulevé de violentes polémiques, a conseillé à son clergé de suivre les indications du suffrage universel et de renoncer à une opposition inutile et sans issue. Il a constaté l'impossibilité de toute restauration monarchique ; dès lors la solution logique était toute indiquée : il faut reconnaître le gouvernement actuel et ne plus se répandre en vaines récriminations. Le cardinal est allé jusqu'au bout du raisonnement. Il a bien fait. Déjà, un autre prince de l'Eglise, l'évèque d'Annecy, a suivi le mouvement : le clergé suivra, car il comprendra que, lui aussi, a été odieusement exploité par les politiciens qui se servaient de la religion dans leur intérêt personnel et point dans l'intérêt de l'Eglise.

Le clergé, qu'on le sache bien, n'appartient pas à un parti ; il appartient à l'Eglise qu'il a mission de défendre. Et c'est une singulière théorie que celle qui consiste à dire, à ériger en principe qu'un prêtre doit être nécessairement royaliste. Une pareille assertion ne supporte pas l'examen et c'est bien là ce qui exaspère les journaux qui, jusqu'à présent, recrutaient leur clientèle dans le clergé. Aussi le bout de l'oreille est-il de suite apparu.

Sous l'Empire, le clergé a fait bon ménage avec le gouvernement. Pourquoi n'en serait-il pas de même sous la République qui sera d'autant plus tolérante qu'on abandonnera contre elle une guerre dont le résultat ne peut qu'être contraire aux intérêts de la religion?

Il est certain que l'apaisement conseillé par le cardinal Lavigerie et l'évêque d'Annecy ne peut pas servir ceux qui vivaient du dévouement et de l'appui du clergé. Mais c'est là une question bien secondaire. Maître dans son église, le prêtre sera d'autant plus respecté qu'il demeurera étranger aux luttes politiques et qu'il ne donnera pas le droit de le discuter. L'évêque d'Angers qui inspire, s'il ne le rédige pas, l'*Anjou*, devrait se montrer moins sévère pour le cardinal Lavigerie, car il a souvent donné des gages au gouvernement de la République. Il est inutile de rechercher les motifs qui le poussaient à agir de la sorte, mais de plus curieux que nous pourraient se livrer à ce travail et leurs recherches ne seraient pas infructueuses.

Il nous souvient, par exemple, d'une rectification faite au procès-verbal d'une séance de la

Chambre par M. Paul de Cassagnac, qui disait à peu près ceci :

— Présent à la séance d'hier, je n'aurais pas voté avec Mgr Freppel, qui est un aumônier égaré dans la République.

Parmi les plus violents contre le cardinal Lavigerie, M. Paul de Cassagnac est au premier rang. Il se voile la face en présence des palinodies du prélat africain et il prêche une croisade contre ce mécréant qui a l'audace de bien comprendre les intérêts de l'Eglise. M. de Cassagnac est pape et Paul est son prophète, il n'y a plus à en douter. Lui seul connaît la véritable infaillibilité et il ne se gêne pas pour convaincre d'ignorance Léon XIII *dont l'infaillibilité papale n'a rien, mais absolument rien à faire avec la politique intérieure d'une nation.* Mais si l'infaillibilité papale n'a rien à faire avec la politique et si le *royaume de Léon XIII n'est pas de ce monde*, pourquoi reprocher au cardinal Lavigerie dont on connaît les attaches avec le Saint-Siège, de conseiller, justement, au clergé français de ne plus faire de politique contre le gouvernement? Le directeur de l'*Autorité* n'a pas la prétention d'être logique ; en revanche, il peut hardiment se proclamer infaillible, lui qui parle des palinodies des autres. Il ne se trompe pas ayant soutenu toutes les thèses. On a vu comment il traitait les d'Orléans et ce qu'il pensait de leur présence dans l'armée, ce qui ne l'a pas empêché de protester contre leur radiation ; on a vu ce qu'il pensait des dettes de la France envers une famille ayant régné, ce qui ne l'a pas empêché, naguère, d'écrire le contraire. La *Nation* du 29 novembre l'a ainsi relevé :

M. Paul de Cassagnac a écrit un article intitulé *La République des Voleurs*, dans lequel il est question de millions réclamés par l'impératrice Eugénie.

Est-ce bien le même M. Paul de Cassagnac qui, en 1875, donnait une consultation préventive quand il écrivait, après s'être violemment élevé contre la présence des princes d'Orléans dans l'armée :

La France ne doit rien aux familles princières exilées pour la politique, et elles n'ont le droit d'exiger aucune réparation, aucun dédommagement.

Alors ?

On a vu comment il reprochait à l'évêque d'Angers de s'égarer dans la République et on sait avec quelle véhémence il s'élève contre le cardinal Lavigerie qui donne de mauvais conseils aux prêtres abonnés à l'*Autorité*. Eh bien! M. de Cassagnac a fait, lui aussi, une déclaration qu'il a sans doute oubliée et que je retrouve dans le *Journal des Débats* du 6 juillet 1887 :

Je ne suis pas de ceux qui disent : Périsse la France plutôt que mon parti. Bonapartiste je suis, bonapartiste je mourrai. Je ne fais pas de politique orléaniste, je fais de la politique nationale. Si la France veut une autre monarchie que la mienne, je me rallierai à son désir. Si, même, *elle veut s'accommoder du régime actuel* — POUR LA PREMIÈRE FOIS DE MA VIE, JE CROIS, MESSIEURS, QUE LA CHOSE N'EST PAS IMPOSSIBLE — moi, l'adversaire de la République, *je serai le premier à m'incliner devant elle*, si ce gouvernement peut sauver mon pays.

Voilà de sages et patriotiques paroles et, bien certainement, le cardinal Lavigerie les a méditées avant de conseiller à son clergé d'accepter *le régime actuel* dont *la France*, par les élections générales de septembre 1889, *a déclaré vouloir s'accommoder.*

Mais si des journalistes ont jeté les hauts cris, d'autres ont approuvé le cardinal et, parmi eux, M Francis Magnard, dont le bon sens n'est contesté que par ceux qui ne veulent pas voir. Et le *Figaro* s'adressant à un monde essentiellement « conservateur » a incontestablement plus d'autorité que les journaux dont les violences sont dictées par la crainte de perdre une clientèle dévouée, mais abusée. M. Magnard a eu le courage de dire ce que beaucoup pensent, à savoir que la monarchie est morte et bien morte, et ce ne sont pas les clameurs de quelques droitiers qui la rétabliront.

C'en est fait du passé ; tournons-nous donc vers l'avenir, qui n'est pas à la réaction. Voilà ce que les petits, les soldats, les vaillants et honnêtes défenseurs de la démocratie doivent savoir. Leurs sacrifices, leur dévouement n'ont jamais servi qu'aux exploiteurs de grande marque. Se sacrifier plus longtemps serait un crime.

Il est certainement pénible, pour ceux qui furent toujours de bonne foi, de voir ternir et disparaître les auréoles dont s'entouraient certaines idoles. C'est que les légendes cèdent le pas à l'histoire qui reprend ses droits. Des livres paraissent qui rétablissent la vérité. Tel est celui que le comte d'Herisson vient de publier sur l'infortuné Prince Impérial que la conduite de l'Impératrice Eugénie força, en quelque sorte, à partir pour le Zoulouland. Le Petit Prince qui avait un rang à tenir ne le pouvait, tant sa mère était avare. Et pour échapper à cette tutelle, pour n'avoir pas à demander même l'argent de poche, il revêtit l'uniforme anglais et alla mourir en héros.

Cette gène d'argent, cette misère relative dans laquelle était continuellement le Prince, écrit M. d'Hérisson, l'Impératrice la connaissait fort bien : mais elle désirait, elle voulait que les choses fussent ainsi :

— Si tu as besoin de quoi que ce soit, disait l'Impératrice, demande-le-moi, et tu l'auras immédiatement.

Mais le Prince, qui s'était naturellement adressé à sa mère tant qu'il était enfant, n'était plus d'âge à subir cette tutelle aussi maladroite qu'illégale.

Et l'état-major bonapartiste, pour mieux avoir

la main sur le chef des Napoléon, disait à l'Impératrice par la bouche de M. Rouher :

— Si le Prince a besoin d'argent, qu'il vous en demande !

Les hauts personnages du parti bonapartiste ont, avec l'Impératrice, une large responsabilité dans la mort du Prince Impérial. Et comme si cette terrible responsabilité n'avait pas suffi à la veuve de Napoléon III, elle fit douter, après la terrible catastrophe, de son amour maternel. M. d'Hérisson cite, page 386, la lettre d'un vieux brave, ancien brigadier de la garde impériale :

Paris, le 18 mars 1890.

Monsieur le Comte,

Vous me demanderez des renseignements sur la chapelle élevée à la mémoire de S. A. le Prince Impérial : je m'empresse de vous les donner.

Voici : j'ai été choisi comme gardien de ce monument où la commission chargée de le faire élever a confié les travaux à un architecte. Deux ans après, cette commission a fait remise du monument à S. M. l'Impératrice : j'ai donc dépendu pendant deux ans de la commission qui m'a donné douze cents francs par an. Après cela, je me suis adressé à M. Langlois, l'homme d'affaires de S. M. l'Impératrice, afin d'être payé de mes gages ; mais M. Langlois m'a répondu, au nom de l'Impératrice, que celle-ci n'entendait pas se charger des frais d'un gardien et que, si celui qui était au monument ne voulait pas rester dans ces conditions-là, il n'avait qu'à s'en aller.

Ne pouvant pas admettre que S. M. l'Impératrice voulût laisser à l'abandon un monument élevé à la mémoire de son fils, je lui écrivis trois fois dans l'espace de quelques mois; mais elle ne daigna pas me faire l'honneur d'une réponse.

Je suis resté quand même comme gardien une année dans ces conditions-là, sans être payé; et, avant d'abandonner le monument, j'ai offert d'y rester moyennant 500 francs par an; mais cette offre a été également repoussée.

N'ayant pas de quoi vivre sans être payé pour mon travail, j'ai dû abandonner, bien à regret, mon poste, pour chercher une loge de concierge en ville.

Le monument est resté huit mois à l'abandon...

. . . .

DOUÈRE.

P. S. — J'oubliais. En effet, S. M. l'Impératrice, malgré ses voyages à Paris, n'est jamais venue visiter ce monument. Vous pouvez faire, monsieur le comte, tel usage de ma lettre que vous croirez convenable.

Cette lettre est bien le plus terrible requisitoire contre la conduite de l'Impératrice qui donne, dit M. d'Herisson, « une singulière opinion de ses sentiments maternels ».

Un autre livre va bientôt paraître dans lequel M. Pierre de Lano qui a écrit, dans le *Figaro*, bien des articles sur l'Impératrice, donnera des documents encore plus tristement probants.

L'Impératrice fut le mauvais génie de la

France et de l'Empire et on se demande, vraiment, si cette Espagnole n'était pas de la famille des Bourbons.

Pauvre Petit Prince, il est bien mort tout entier emportant avec lui toute chance de restauration.

Aussi bien, tout retour en arrière n'est que rêve et utopie et la démocratie bonapartiste, fille de la grande révolution, ne doit plus faire cortège à une opposition impuissante et stérile. Qu'elle accepte résolument le présent. L'instruction et l'éducation ont détruit tous les privilèges ; le travail et l'intelligence sont la loi de notre société moderne qui a irrémédiablement condamné les privilèges de la naissance, et le suffrage universel attend autre chose de ses mandataires que d'inutiles plaintes.

La masse laborieuse connaît ses droits : elle fera son devoir.

Le 9 novembre 1890, on célébrait, à Bergerac, l'anniversaire de la bataille de Coulmiers et l'on inaugurait un monument élevé à la mémoire des mobiles de la Dordogne tombés au champ d'honneur pour la défense de la Patrie. M. Fournier, préfet de la Dordogne, dans un toast fort applaudi au banquet officiel, rappela les trois glorieuses journées de Marignan, de Jemmapes et d'Austerlitz, associant ainsi, dans un même patriotique souvenir, les héros de 1515, de 1792 et de 1805, héros qui combattaient pour la France sous des emblèmes différents.

Que la quatrième journée, celle dont il ne faut pas parler, mais à laquelle il faut toujours penser, soit préparée, assurée par tous ceux qui, ne songeant qu'au salut de la France, sont disposés à se tendre la main sous le drapeau tricolore.

CONCLUSION

CONCLUSION

Nos pères, en 1789, nous ont transmis un héritage que nous ne laisserons pas capter par ceux qui tenteraient, vainement du reste, de nous ramener vers un passé à jamais disparu. La démocratie est comme un fleuve : elle ne remonte pas à la source, mais elle n'oublie pas son origine.

La révolution a commis des fautes et des abus, ce qui était inévitable à un moment de transformation violente où un monde nouveau succédait à un monde trop vieux. Mais ses conquêtes ne disparaîtront pas. C'est à nous, ses fils, qu'il appartient de les perfectionner, de les adapter à notre génie national, de les rendre pratiques et de les concilier avec les progrès accomplis.

La République est l'idéal d'un gouvernement ; les états-majors sont la négation de la démocratie. La République, comme la Révolution, a commis des abus et des fautes et il est temps, non pas de revenir en arrière, mais de tenir compte de l'expérience et des enseignements.

Elle a contracté, par sa victoire de septembre 1889, un nouveau bail, et ce bail doit englober tous les Français de bonne volonté, tous les patriotes qui, sans arrière-pensée, mettront leur dévouement, leur activité, leur énergie, au service de la Patrie.

C'est que la grandeur et l'indépendance de la France doivent être notre première, notre unique préoccupation, car les circonstances peuvent exiger, avant longtemps peut-être, que la France soit *une*, comme nous la voulons indivisible, en face de la triple ou de la quadruple alliance.

Quand je regarde à l'extérieur, quand je vois la coalition se nouer autour de nous et nous menacer, mon cœur de patriote me trace ma conduite. Je ne discute plus et je demande ma place au foyer où peuvent s'asseoir tous les fils d'une même mère.

Mon pays avant tout!

Le chef de la famille d'Orléans ne pense pas ainsi. Il attaque à l'étranger, au Canada, devant les sujets de la reine d'Angleterre, le gouvernement français qui, demain, traitera d'égal à égal avec la reine d'Angleterre.

C'est là une action criminelle.

Il est vrai que le comte de Paris est coutumier du fait.

Qui ne se souvient de ses tentatives de rapprochement avec l'Allemagne, en 1883? Le *Pester Lloyd* les dévoila sans être démenti et, quelques jours après, un journal de Berlin, le *Tageblatt*, racontait dans les termes suivants l'accueil fait aux avances de Philippe VII d'Orléans :

L'accueil excessivement froid et négatif fait aux tentatives d'agents orléanistes, à l'effet de sonder le terrain à la cour d'ici, a provoqué un vif étonnement parmi les partisans des princes d'Orléans, qui croyaient pouvoir compter sur les grandes sympathies de notre Empereur pour la famille de Mecklembourg.

... Les grandes sympathies de l'Empereur pour la famille de Mecklembourg ne s'étendent plus, depuis un certain nombre d'années, aux princes de la Maison d'Orléans en tant que ceux-ci sont alliés à la famille de Mecklembourg, c'est-à-dire au comte de Paris et à son frère,

Ce revirement s'est produit après la guerre de 1870-1871 . . . .

Le caractère de notre monarque a été blessé de voir que les d'Orléans réclamaient leurs biens à un moment où la France se trouvait dans la plus grande détresse par suite d'une guerre malheureuse et du paiement des cinq milliards.

C'est à partir de ce moment que toutes les sympathies antérieures pour les enfants de la princesse Hélène d'Orléans se sont complètement éteintes.

Fallait-il que la conduite du comte de Paris fût ignoble pour qu'elle scandalisât le roi de Prusse !

La leçon était dure et méritée : elle ne fut pas comprise. Quelques années plus tard, le même comte de Paris cherchait encore à se rapprocher de la cour de Berlin et faisait des courbettes devant le prince impérial d'Allemagne !

Aussi habitué qu'on soit aux infamies des d'Orléans, on demeure confondu par tant d'inconscience et de lâcheté.

Et ces gens-là ont la prétention de gouverner la France !

Mais ils n'ont rien appris et rien oublié ; ils ont porté les armes contre leur Patrie ; ils sont rentrés dans les fourgons de l'étranger et, en attendant qu'ils fassent leur entrée triomphale sur un char attelé de chevaux poméraniens, je suis de l'avis des royalistes purs qui pensent que l'avancement de cette famille à moitié allemande serait la fin de la France : *Finis Galliæ !*

Il y a quelques années, je terminais ainsi un ouvrage sur la guerre de 1870-1871 :

La France disparaître ?

Jamais !

Ses fils, jeunes et vieux, accourront pour combattre jusqu'à leur dernier souffle.

Chacun prendra un fusil.

La grande nation élèvera nos enfants, nourrira nos veuves si nous succombons ! La grande nation reconstruira nos chaumières, nos maisons, si les boulets ennemis les éventrent, si on les incendie.

Et la victoire, ramenée enfin sous le drapeau tricolore planté dans nos provinces reconquises, couronnera les efforts de tout un peuple levé pour son indépendance et pour la défense de la civilisation menacée.

Cela se passera ainsi parce que, au jour du danger, à l'appel de notre chère France, tout le monde répondra :

— Présent !

La République appelle à elle tous les enfants de France pour faire une France unie et réconciliée, je réponds :

— Présent !

Octobre-Novembre 1890.

TABLE DES MATIÈRES

CHAPITRE PREMIER

CHAPITRE II

CHAPITRE III

CHAPITRE IV

CHAPITRE V

CHAPITRE VI

ÉVREUX, IMPRIMERIE DE CHARLES HÉRISSEY

www.ingramcontent.com/pod-product-compliance
Ingram Content Group UK Ltd.
Pitfield, Milton Keynes, MK11 3LW, UK
UKHW020311180726
13839UKWH00001B/442